Fach-
ratgeber
Klett-Cotta

HILFE

AUS

EIGENER

KRAFT

GISELA
HÖTKER-PONATH

Trennung ohne Rosenkrieg

Ein psychologischer Wegweiser

Klett-Cotta

Klett-Cotta
www.klett-cotta.de
© 2012 by J.G. Cotta'sche Buchhandlung
Nachfolger GmbH, gegründet 1659, Stuttgart
Alle Rechte vorbehalten
Printed in Germany
Titelbild: istockphoto.com © Jamie Farrant
Gesamtgestaltung: Weiß-Freiburg GmbH – Graphik & Buchgestaltung
Auf säure- und holzfreiem Werkdruckpapier gedruckt und
gebunden von Kösel, Krugzell
ISBN: 978-3-608-86110-5

Bibliografische Information der Deutschen Nationalbibliothek
Die Deutsche Nationalbibliothek verzeichnet diese Publikation in
der Deutschen Nationalbibliografie; detaillierte bibliografische
Daten sind im Internet über http://dnb.d-nb.de abrufbar

Schnelleinstieg

Inhalt

Es ist besser, Liebe empfunden
Und Verlust erlitten zu haben,
Als niemals geliebt zu haben.

A. L. Tennyson

Einleitung

Liebe Leserinnen und Leser,
Wenn Sie dieses Buch in die Hand nehmen, sind Sie wahrscheinlich von Trennung oder Scheidung betroffen, oder Sie sind noch unsicher, ob Sie sich trennen wollen. Ist die Trennungsentscheidung bereits gefallen, hat einer von Ihnen beiden den Schritt in die Trennung initiiert und der andere wurde verlassen. Vielleicht haben Sie sich aber auch einvernehmlich entschieden, Ihre Beziehung zu beenden. Das passiert eher selten. Möglicherweise haben Sie die ersten Hürden der Trennung bereits hinter sich gebracht und suchen professionellen Rat, wie es für Sie und Ihre Kinder gut weitergehen kann. Sie werden sich fragen: *»Werden wir es schaffen, uns in gegenseitiger Achtung zu trennen, oder wird es für uns und unsere Kinder einen Trennungskrieg geben?«* Es kann aber auch sein, dass Sie nicht persönlich, sondern eines Ihrer erwachsenen Kinder von einer Trennung betroffen ist, und Sie sich ein Bild machen möchten, was Trennung und Scheidung bedeuten – auch im Hinblick Ihrer Enkelkinder.

Wie Sie wissen, sind Sie mit Ihrer Trennungssituation nicht allein. Scheidung gilt statistisch gesehen als ein immer wahrscheinlicher werdendes biografisches Ereignis *(life-event)*. So wird je nach Region jede zweite bis dritte Ehe in Deutschland geschieden, die Trennungen von Unverheirateten nicht mitgerechnet. *»Immer mehr Menschen erleben Liebe in Serie.«* (Sieder 2010)

Die große Mehrzahl der Trennungen bei verheirateten Paaren wird derzeit von Frauen eingeleitet. Laut Statistischem Bundesamt in Wiesbaden waren im Jahr 2010 die Ehepaare bei der Scheidung durchschnittlich vierzehn Jahre lang verheiratet. In 52,9% der Fälle haben die Frauen die Scheidung eingereicht, 38,9% der Anträge kamen von den Männern, der Rest fiel auf gemeinsam eingereichte Scheidungen. Knapp die Hälfte aller geschiedenen Ehepaare hatte Kinder unter achtzehn Jahren (Statistisches Bundesamt 2011). Auch ältere Ehepaare scheuen heutzutage nicht mehr davor zurück, ihre Ehe zu beenden; wohl auch, weil ein gewisser Wohlstand Trennungen ermöglicht. Obwohl ein alltägliches Geschehen, löst die Ankündigung einer Scheidung immer noch hohe Betroffenheit aus, besonders dann, wenn minderjährige Kinder im ›Spiel‹ sind.

Auch für Sie wird Ihre Trennungssituation keine leichte sein. Wahrscheinlich hat Ihre Beziehung mit Verliebtheit begonnen, sich zu einer Liebe weiterentwickelt und ist dennoch zu Ende gegangen. Egal, ob die Trennung von Ihnen oder Ihrem Partner ausgegangen ist, es trennt sich, was Sie beide miteinander begonnen haben. So ist die Trennung ein gemeinsamer Prozess, auch wenn Sie ihn als getrennte Partner unterschiedlich erleben und ohne einander bewältigen müssen. Derjenige Partner, der die Trennung initiiert hat, ist innerlich oft schon gelöster und denkt zukunftsorientiert. Für denjenigen, der die Trennung nicht oder noch nicht gewollt hat, bricht zunächst eine Welt zusammen. Besonders am Anfang denkt und fühlt er rückwärts gewandt, ganz im Sinne von Marcel Proust, dass *die wahren Paradiese die sind, die man verloren hat.*

Für die Trennungsbetroffenen gilt: So wie sie sich einst ineinander verliebt haben, müssen sie sich jetzt »*entlieben*«. Entgegen landläufiger Meinung leiden bei einer Trennung beide Partner, der Verlassene oder »*unfreiwillig Getrennte*«, aber eben auch derjenige, der die Trennung initiiert hat. Es gibt Verluste zu betrauern, und es wird sich viel verändern, bis jeder seinen neuen Lebensentwurf gefunden hat. Die Zeit heilt Wunden, aber nicht alle. Sie fordert uns heraus, die Trennungskrise aktiv zu überwinden. Sie gibt uns Gelegenheit, das Verlorene zu betrauern und letztendlich zu wachsen.

Die Monate bis zur Trennungsentscheidung und danach sind von wechselnden Gefühlen und vielfältigen Anforderungen geprägt. Sind Kinder betroffen, bekommt die Trennung eine komplexere Dimension. Kinder brauchen beide Eltern und sollten sich mit der Trennung der Eltern nicht von einem Elternteil »*entlieben*« müssen. Die Scheidungsforschung in den USA und in Deutschland hat gezeigt, dass die Trennung der Eltern nicht zwangsläufig ein lebenslanges Trauma für die Kinder sein muss. Auch sogenannte »*Scheidungskinder*« wachsen zu stabilen, leistungsstarken Erwachsenen heran, wenn bestimmte Voraussetzungen und Bedingungen gegeben sind. Sie brauchen vor allem Zuwendung, Sicherheit und regelmäßigen Kontakt zu beiden Eltern. So kann es gelingen, dass Scheidungskinder nicht zu »*Scheidungswaisen*« werden. Wichtig ist, dass es den Eltern gelingt, ihre alten Konflikte beizulegen sowie anstehende Probleme zu lösen und eine tragfähige Beziehung zu dem Kind aufrechtzuerhalten. Das ist eine schwierige, aber lösbare Herausforderung für alle Beteiligten.

Dieses Buch wird Ihnen dabei helfen, Ihren Weg durch die Trennung zu finden und Zukunftsperspektiven zu entwickeln. Es ist ein psychologischer Wegweiser durch die Phasen der emotionalen Trennung und den damit verbundenen Veränderungen im Alltag mit und ohne Kinder. Egal, ob Sie sich getrennt haben oder von Ihrem Partner/Ihrer Partnerin verlassen worden sind, Sie finden hier ausreichend Informationen und Anregungen zur Bewältigung Ihrer getrennten Wege. Geht das überhaupt in einem Buch? Sollten die emotionalen Trennungsprozesse der »*Verlassenen*« und der »*Verlassenden*« (Trennungsaktiven) nicht wie üblich in getrennten Büchern behandelt werden? Es geht, denn die notwendigen Ablösungsthemen und Veränderungsprozesse sind gar nicht so unterschiedlich, wie oft angenommen wird. Sie sind zeitlich verschoben und haben andere Schwerpunkte. In diesem Buch geht es auch darum, gängige Denkmuster wie »*der Verlassende ist der Starke, aber auch der Böse*« und »*der Verlassene ist der Leidende und das Opfer*« aufzuweichen. Gelingt es den Betroffenen im Laufe des Trennungsprozesses hin und wieder, einen Blick über das eigene Erleben hinaus auf den getrennten Partner zu richten, kann es helfen, »*Rosenkriege*« zu vermeiden. Dieses umso mehr, wenn betroffene Kinder erleben, dass die getrennten Eltern ein gewisses Verständnis und gegenseitige Wertschätzung füreinander aufrechterhalten oder zu einer späteren Zeit wiedergewinnen können. Überfordern Sie sich jedoch nicht. Verständnis hat seine Grenzen. Gerade am Anfang der Trennung oder, wenn viele Verletzungen passiert sind, aber auch wenn Sie schwer loslassen können, ist es eher hinderlich, sich mit der Perspektive des anderen zu befassen. Dann lassen Sie die entsprechenden Passagen aus und lesen nur das, was Sie betrifft. *Empfehlungen für denjenigen, der verlassen worden ist, sind im Text grau hinterlegt. Empfehlungen für den Trennungsaktiven finden Sie im grauen Rahmen.*

Ich möchte Sie als Leser und Leserin anregen, das Buch so zu benutzen, wie es Sie gerade interessiert: Sie können es von Anfang bis Ende lesen oder immer dann, wenn Sie in einer bestimmten Phase Orientierungshilfe oder Mut zum Durchhalten brauchen. Sie können es aber auch nutzen, weil Sie hin und wieder wissen wollen, was Ihren getrennten Partner gerade so ›umtreiben‹ könnte. Dieses Buch bietet das psychologische Wissen und die Anregungen, welche Paare in einer Trennung benötigen. Es enthält Fallbeispiele, wertvolle Selbsttests, Übungen und praktische Anregungen.

Es ist das Resultat meiner therapeutischen Arbeit mit Paaren (mit und ohne Trauschein), die sich wieder finden oder trennen, und mit Eltern, die nach der Trennung um ihre gemeinsame Verantwortung für ihre Kinder ringen. Meine langjährige Erfahrung als Therapeutin ermöglicht mir die Perspektive von außen und lässt mich beide Seiten beschreiben und verstehen – die des Verlassenen und die des Verlassenden. Es ist mir ein besonderes Anliegen, meine *Allparteilichkeit* im Verstehen und Begleiten von getrennten Paaren zu wahren, und ich hoffe, dieses auch in diesem Buch verwirklicht zu haben, wenngleich der Schwerpunkt meiner therapeutischen Arbeit und auch hier im Buch auf der Seite der Verlassenen liegt. Ich habe die Vision, dass es möglich sein kann, von einer »Kultur der Beziehung« zu einer »Kultur der Trennung« zu kommen. Meine therapeutische Erfahrung liegt überwiegend in der Arbeit mit heterosexuellen Personen und Paaren. Wenn sich Unterschiede im Trennungsgeschehen von hetero- und homosexuellen Paaren überhaupt festmachen lassen, dann auf der Ebene des ursächlichen Trennungskonfliktes und nicht auf der Ebene des emotionalen Trennungsprozesses – ganz nach einem Buchtitel: »*Gleich und doch anders*«... (Rauchfleisch u. a. 2002). Auch auf spezielle Unterschiede im Erleben und Verhalten von Frauen und Männern im Trennungsgeschehen wird nicht explizit eingegangen. Es würde den Rahmen dieses Buches sprengen.

Noch ein Hinweis: Die Geschlechterbezeichnungen werden alternierend gebraucht.

TEIL I

Trennung und Scheidung – ein fast alltägliches Geschehen

1.1 Was führt Paare in die Trennung?

Ehe und Familie werden auch heute noch als emotionaler Schutzraum wertgeschätzt und doch nicht mehr als zwingende Lebensform angesehen. Bedingt durch den Statusverlust der traditionellen Kernfamilie und Konkurrenz durch alternative Partnerschaftsformen werden Beziehungen heute schneller beendet als früher. Dennoch streben Frauen und Männer nach wie vor individuelles Glück und Intimität in einer Beziehung auf Augenhöhe an. Die meisten Paare heiraten in der Hoffnung, lebenslang zusammenzubleiben. Laut Scheidungsforschung haben die Paare größere Chancen, zusammen zu bleiben, die eine feste gemeinsame Einstellung zur Ehe haben, die die Ehe als *unverbrüchliche Institution* ansehen. Diese Paare erleben Untreue und Scheidung als für sie unvorstellbar. Sie sind kirchlich verheiratet, haben mindestens zwei Kinder, den gleichen Geschmack und Lebensstil sowie die gleiche politische Einstellung. Dazu akzeptieren beide Herkunftsfamilien die Verbindung, und sie leben nicht in der Großstadt. Es dürfte jedem klar sein, dass diese Paarkonstellationen kontinuierlich abnehmen.

Auch wenn sich heutzutage Paare die *»ewige Liebe«* schwören, wissen sie zugleich, dass es schiefgehen könnte. Ganz im Sinne einer kurzen Passage aus dem Buch ›Alles über Sally‹ von Arno Geiger:

»Am Anfang kann man doch noch gar nichts sagen, man geht irgendwie ins Ungewisse. Hast du ein gutes Gefühl?«, fragte er. »Jedenfalls glaube ich nicht, dass es den Wert unserer Liebe im Nachhinein schmälern würde, wenn sie irgendwann wieder aufhört.«

Verliebte Paare tragen vorbewusst die Trennung als eine reale Möglichkeit in sich, denn jeder weiß, dass viele sich wieder trennen. Bodenmann (2010), ein Schweizer Paarforscher, hat in seinen Untersuchungen ein neues Phänomen festgestellt: Die Zufriedenheit in Partnerschaften ist relativ hoch, und trotzdem steigt die Scheidungsrate; das heißt, Paare, die an sich nicht unzufrieden sind, trennen sich bereits.

Auch Soziologen bestätigen, dass in unserer Gesellschaft auf Dauer angelegte Zweierbeziehungen von hohen Glückserwartungen und gleichzeitig großer Instabilität geprägt sind. Gerade Frauen sind zwar freier und unabhängiger als je zuvor, sehnen sich jedoch immer noch nach Familie, Kindern und häuslichem Glück in einer Ehe oder festen Partnerschaft. Sie sind aber gleichzeitig diejenigen, die sich vermehrt trennen, weil sie mit der Kommunikation, der Zuwendung und partnerschaftlichen Unterstützung im Haushalt und Familie unzufrieden sind. Diese Frauen sind in der Regel berufstätig und der Meinung, dass auch die Männer für die Vereinbarkeit von Familie und Beruf mitverantwortlich sind. Die tägliche Praxis hat sie enttäuscht und viel Stress in die Beziehung transportiert. Aber auch die sogenannten »*neuen Väter*«, die viel Zeit mit ihren Kindern verbringen, haben laut einer neuen repräsentativen Umfrage der Zeitschrift »*Eltern*« oft das Gefühl, weder im Beruf noch in der Familie allen gerecht werden zu können. Die Unzufriedenheit dieser Väter ist im Vergleich zu einer Umfrage im Jahr 2005 um sechs Prozent gestiegen. (Forsa 2011)

Welche anderen Faktoren begünstigen das Ende einer Paarbeziehung?
Unausgesprochener Ärger und Enttäuschungen sowie persönliche Verletzungen zehren an einer Beziehung. Auch ständige Streitereien und Schuldzuweisungen erzeugen ein Klima aggressiver Gespanntheit. Das ist bereits eine Folge davon, dass wesentliche Bedürfnisse nach Austausch, Nähe, Wertschätzung, konstruktivem Streit, Unterstützung, Zärtlichkeit und Sexualität schon länger unbefriedigt geblieben sind. Frauen nehmen in der Regel Beziehungsprobleme schneller und deutlicher wahr als Männer und leiden stärker dar-

unter. Außenbeziehungen spielen auf beiden Seiten eine nicht unerhebliche Rolle. Auch Paare zwischen 40 und 50 weisen ein hohes Scheidungsrisiko auf. Warum? Bodenmann bezeichnet es als die »*Midlife-Crisis der Partnerschaft*«. Das bedeutet, dass sich häufig negative Muster in die Beziehung eingeschliffen haben und eine gewisse Ermüdung und Entfremdung die Folgen sind. Die frühere Faszination und Attraktivität des Partners verändert sich und kann gänzlich verloren gehen. Frauen und Männer in dieser Lebensphase fragen sich – besonders auch im Hinblick dessen, noch fast die Hälfte des Lebens vor sich zu haben: »*Soll das alles gewesen sein?*« Entweder sie nehmen es, wie es ist, oder sie versuchen, etwas zu verändern. Häufig beginnt die Suche nach einem »*neuen Kick*«. Das Gesuchte hängt oft mit Bestätigung und Anerkennung zusammen. Es kann eine neue Aufgabe oder ein neues berufliches oder persönliches Ziel sein. Es kann aber auch der Wunsch nach einer »*Modernisierung der Beziehung*«, wie es eine Klientin nannte, sein. Nicht wenige beginnen zu testen, welche Chancen sie beim anderen Geschlecht noch haben. Bereits Kierkegaard meinte: »*Das Vergleichen ist das Ende des Glücks und der Anfang der Unzufriedenheit.*«

Sind unsere Erwartungen aneinander zu hoch geworden? Ist es im Zuge unserer wachsenden Lebenserwartung nicht unrealistisch, sich für eine zunehmend längere Lebenszeit an einen Partner zu binden? Laufen wir einem Beziehungsideal nach, das es so nicht mehr gibt?

▶▶ Beispiel: Jetzt bist du dran

Herr A. heiratet eine zehn Jahre jüngere Frau und lebt zufrieden, aber sehr arbeitsintensiv auf eine Zukunft mit mehr Urlaub hin. Er nimmt an, dass seine Frau genauso denkt und sich auf spätere Zeiten freut. Sie kümmert sich um den Sohn, er um seine Selbstständigkeit. Frau A. empfindet ihr Leben zunehmend als leer und beginnt, sich im Internet nach interessanten Kontakten umzuschauen, zunächst sind es »Brigitte-Kontakte«, dann auch Männerbekanntschaften. Unmittelbar nach ihrem 40. Geburtstag teilt sie ihrem Mann mit, dass sie zu einem anderen Mann zieht und end-

lich leben will – der pubertierende Sohn könne bei ihm bleiben. »Ich habe
dir die ganzen Jahre den Rücken freigehalten. Jetzt bist du dran.«

Der Paartherapeut Jellouscheck meint, dass Trennung das Ergebnis sehr unterschiedlicher Entwicklung ist. Ein Partner oder beide investieren nicht mehr in die Beziehung und identifizieren sich nicht länger damit. Es geht etwas zu Ende, und die Beziehung muss aufgegeben werden. So verschieden die Entwicklungen von Paarbeziehungen auch sind, so vielfältig sind die Gründe, warum Paare sich trennen. Es gibt Paare, die verstehen sich eigentlich gut und gelten im Freundes- und Bekanntenkreis als das Ideal-Paar. Einer von beiden fühlt sich auch so, während der andere aufhört, sich gut zu fühlen, jedoch die eigene Unzufriedenheit und Entfremdung nicht kommuniziert und lange verheimlicht (manchmal auch vor sich selbst). Er trennt sich dann ohne große Vorbereitungszeit für den anderen. Für sich selbst ein logischer Schritt, für den anderen eine Katastrophe. Der Verlassene hat keine Chance und versteht zunächst und vielleicht nie richtig, was eigentlich passiert ist. Nicht wenige Trennungen sind und bleiben für den Verlassenen und für Nahestehende unverständlich. Offensichtliches Leid wie seelische und körperliche Gewalt, Missbrauch und Sucht (gelten heute nicht mehr als vorrangige Scheidungsursachen), aber auch wiederholte Affären lassen uns leichter verstehen, warum jemand eine Beziehung oder Ehe verlässt. Andere, weniger sichtbare Gründe wie chronische Unzufriedenheit, Entfremdung und Vereinsamung in der Beziehung werden von vielen schon weniger als Trennungsgründe akzeptiert, besonders dann, wenn Kinder betroffen sind.

Erwiesen ist: Eine chronisch unglückliche und disharmonische Partnerschaft ist ausgesprochen belastend – oft auch krank machend – für die Kinder und für die Erwachsenen. Wenn Paare sich trennen, spielen immer mehrere Faktoren mit, und nicht alle verstehen wir. Derjenige, der sich trennt, weiß es am besten. Auch Sie und Ihre getrennte Partnerin werden sicher unterschiedliche Gründe benennen, was in Ihrer Beziehung zur Trennung geführt hat. Sicher wird Ihre

Beziehung zumindest für einen von Ihnen keine Bereicherung mehr gewesen sein oder so quälend, dass Trennung der letzte Ausweg ist.

Sollten Sie sich gerade oder zum wiederholten Mal mit den Ursachen Ihrer Trennung befassen, können Sie folgenden Fragebogen zu Hilfe nehmen.

FRAGEBOGEN: TRENNUNGSURSACHEN

Lesen Sie folgende Auflistung von Trennungsgründen. Kreuzen Sie diejenigen an, die für Sie zutreffen. Bei Oder-Fragen unterstreichen Sie das Zutreffende. Wenn Sie wollen, können Sie auch neben den Kästchen die ausgesprochenen oder von Ihnen vermuteten Trennungsgründe Ihres ehemaligen Partners markieren. Im unteren Teil des Fragebogens ist Platz für zusätzliche Trennungsgründe.

❏ zu hohe Erwartungen an die Beziehung
❏ einschneidende Kränkungserlebnisse, die nicht verzeihbar waren
❏ dauerhafter Alltagsstress (beruflich, finanziell, Wohnungssituation ...)
❏ fehlende Unterstützung im Alltag
❏ zu unterschiedliche Wertvorstellungen
❏ länger anhaltende sexuelle Probleme
❏ aufgedeckte oder nicht aufgedeckte Außenbeziehungen
❏ anhaltendes Misstrauen oder Eifersucht
❏ wiederholte Vertrauensbrüche unterschiedlicher Art
❏ mangelnde Loslösung und Abgrenzung von den Eltern
❏ Bindungsängste
❏ schwere psychische/körperliche Erkrankung oder Schicksalsschläge (z. B. Tod eines Kindes ...)
❏ zu wenig oder nicht gelungene Kommunikation
❏ psychische oder/und körperliche Gewalt
❏ Entfremdung
❏ zu viel Nähe oder zu viel Distanz
❏ mangelnde Wertschätzung und Gleichwertigkeit
❏ stoffgebundene oder nicht stoffgebundene Süchte
❏ ungewollte oder einseitig gewollte/ungewollte Kinderlosigkeit

- ❏ zu große kulturelle Unterschiede
- ❏ Beziehungsabhängigkeit
- ❏ zu ähnliche oder zu unterschiedliche Persönlichkeiten
- ❏ dauerhaftes Ungleichgewicht im Geben und Nehmen
- ❏ zu viel oder zu wenig Streit (Sprachlosigkeit)
- ❏ dauerhafte Streitigkeiten um unterschiedliche Erziehungsstile oder Geld
- ❏ mangelnde »Beziehungspflege«
- ❏ zu viel oder zu wenig Eigenleben und Autonomie
- ❏ ständige Machtkämpfe
- ❏ fehlende Selbstakzeptanz und Selbstfürsorge
- ❏ zu viel oder zu wenig Öffnung nach außen (Freunde, Freizeit, Hobbys ...)
- ❏ unterschiedliche persönliche Entwicklungen
- ❏ ....
- ❏ ....

EMPFEHLUNG

Sind Sie diejenige, die gegangen ist, haben Sie sich wahrscheinlich schon länger mit der eigenen Unzufriedenheit und dem Liebesverlust auseinandergesetzt. Sie wissen, warum Sie sich getrennt haben. Ihr Partner beginnt wahrscheinlich erst jetzt, sich mit dem wirklichen Ende der Beziehung zu befassen und ist emotional sehr angegriffen und verletzt. Die Frage nach dem Warum wird ihn eine Zeit lang beschäftigen. Er wird sie womöglich in rationaler bis sehr emotionaler Weise an Sie herantragen. Antworten Sie so ehrlich wie möglich immer wieder – auch wenn Sie nicht so verstanden werden, wie Sie es gern hätten. Sie sind eine Antwort schuldig. Sie haben einmal das »liebende Ja« gegeben, und Ihr Partner braucht jetzt das »klärende Nein« von Ihnen, um sich lösen zu können. Auch Ihnen wird das »klärende Nein« helfen, mögliche Zeiten mit Schuldgefühlen, Zweifel und Trauer zu überwinden. Erwarten Sie nicht, dass Sie nach Ihrer Trennung nur glücklich sind oder sein müssten, um sich und anderen zu beweisen, dass Ihre Entscheidung richtig war. ▶

> Wer sich verändert, zahlt einen Preis. Wer sich nicht verändert auch. Sie können sich mithilfe des Fragebogens nochmals mit Ihren Trennungsgründen auseinandersetzen und vielleicht zusätzliche Erkenntnisse für Ihre Entscheidung gewinnen.

Versuchen Sie, die Suche nach den Gründen Ihrer Getrenntheit vorerst zu beenden. Vertrauen Sie darauf, dass Sie später mehr sehen können als zu Beginn. Die Zeit heilt nicht nur manche Wunden, sondern verändert auch den Blick auf das Geschehen. Jetzt gilt es, ihre Aufmerksamkeit und verbliebene Kraft im Hier und Jetzt einzusetzen.

1.2 Was hilft, Trennungsprozesse langfristig zu bewältigen?

Bei einem Abschied
Lasst uns nicht auseinandergehen
wie Leute,
die ein schlechtes Geschäft
miteinander gemacht haben.
Heinz Kahlau

Für die Erwachsenen

Trennung und Scheidung verändern unser Leben, egal, ob wir die Trennungsentscheidung forciert haben oder nicht. Juristisch gesehen ist Scheidung ein punktuelles Ereignis. Tatsächlich ist es jedoch ein Geschehen, das auf der emotionalen, interpersonalen, sozialen und wirtschaftlichen Ebene mehrere Jahre dauert. Was für den einen Partner zunächst mit Befreiung und positiven Gefühlen verbunden ist, bedeutet für den anderen, sich einer nicht frei gewählten Lebensveränderung zu stellen. Verständlicherweise ist es schwieriger, eine als gut erlebte Ehe aufgeben zu müssen als eine schlechte.

Ein Trennungsgeschehen braucht Zeit und ist ein Übergangsprozess zu einer neuen Lebensphase. Übergänge sind bekanntlich beunruhigende Phasen. Vertrautes muss aufgegeben werden und etwas Neues, Unbekanntes beginnt. In diesen Zeiten ist das Ich besonders verletzlich. Menschen reagieren sehr unterschiedlich auf einschneidende Lebensveränderungen, je nachdem,

→ wie sie bisherige Übergänge im Leben gemeistert haben
→ wie ihre Ich- Stabilität ist
→ wie schnell und wie viele Veränderungs- und Anpassungsleistungen erforderlich sind.

Bedeutsame Veränderungen bewältigen wir leichter, je länger die Vorbereitungszeit und je größer die Unterstützung durch das Umfeld sind. Dieses gilt zum Beispiel für Arbeitsplatzverlust, Diagnose einer schweren Krankheit, Tod eines nahen Angehörigen wie auch für Trennungen. Auch wenn wir die Trennung erwartet haben, können wir stark verunsichert sein, weil wir nicht wissen, was auf uns zukommt und wie wir damit umgehen werden. Kommt die Trennung für uns unvorbereitet und plötzlich, sind wir fassungslos. *»Du stehst am Morgen auf und weißt, dass nichts mehr so ist, wie es gestern noch war ...«* Es stürmt unerwartet und zu viel gleichzeitig auf uns ein, sodass unsere Belastungsgrenzen überschritten sind. Es kommt zu einer »Systemüberlastung«. Können wir den aufgetretenen Stress nicht mehr bewältigen, geraten wir in eine Krise. Wir fühlen uns der Situation hilflos ausgeliefert, weil bisherige Handlungsmuster nicht mehr greifen.

▶▶ *Beispiel: Ich habe nichts gewusst*
Frau B., 60 Jahre alt, hat sich nach dreißig Jahren Ehe entschlossen, sich zu trennen und ihr Leben neu aufzustellen. Diese Entscheidung ist nach einer längeren Auseinandersetzung mit sich selbst und mit ihrem Mann gewachsen und wird schließlich nicht mehr kommuniziert. Sie entfernt sich innerlich immer mehr, macht eigene Pläne und verliebt sich schließlich in eine Frau. Für Herrn B. kommt alles scheinbar wie »aus heiterem Himmel«.

Da es schon länger keine Auseinandersetzungen mehr gegeben hat, nimmt er an, dass alles in Ordnung sei. Die Trennungsmitteilung seiner Frau kommt für ihn völlig unvorbereitet und ist für ihn ein Schock. Er gerät in eine psychische Krise und muss kurzfristig klinisch betreut werden.

Die Art und Weise, wie eine Trennung passiert, hat somit Einfluss auf deren Krisenpotenzial und deren Bewältigung. Grundsätzlich gilt, dass es bei einer überraschenden, nicht angekündigten und nicht selbst initiierten Trennung schwieriger ist, das Ende der Beziehung zu akzeptieren und zu bewältigen. Je selbstbestimmter wir eine Trennung herbeiführen, das heißt, je selbstwirksamer wir handeln, umso besser kommen wir auch mit unverhofft schwierigen Folgen zurecht. Das mag für denjenigen, der die Trennung aktiv herbeiführt, zutreffen. Gilt das auch für denjenigen, der plötzlich und unerwartet verlassen wird und sich zunächst nur dem ›Schicksal‹ ausgeliefert fühlt? Ja und nein, denn je schneller wir wieder für uns sorgen, aktiv werden und uns notwendige Unterstützung suchen, umso gewappneter gehen wir durch die Trennungskrise. Darin verbirgt sich die schlichte Wahrheit, dass unser Handeln und unser Nicht-Handeln immer Folgen haben wird.

Mit der Trennung stellen wir fest, dass wir unseren Lebensalltag nicht einfach wieder dort aufnehmen können, wo wir ihn durch die Trennung fallen gelassen haben oder fallen lassen mussten. Enorme Veränderungen und Anpassungsanforderungen kommen auf uns zu. Wir ahnen, dass wir längerfristig nur aus dieser Krise herauskommen, wenn wir es schaffen, uns an die neue Realität anzupassen und uns auf eine Neuorganisation unseres Lebens einlassen.

Die Bewältigung des inneren und äußeren Trennungsgeschehens ist sehr unterschiedlich und hängt von verschiedenen Faktoren ab wie:
➜ dem vorherigen Beziehungsstil
➜ den Trennungsgründen
➜ der Art und Weise der Trennung
➜ dem Potenzial an persönlichen Ressourcen
➜ den existenziellen Rahmenbedingungen.

Unterstützungsangebote im Trennungs- und Scheidungsprozess

Vorscheidungsphase
Ambivalenz

- Paarberatung
- Einzelberatung
- Familienberatung

- Juristische Vorinformation
- Informationen über die Auswirkungen von Trennung und Scheidung und institutionellen Hilfsangebote
- Erziehungsberatung

Trennung und Scheidungsphase
Emotionale und juristische Trennung

- Einzelberatung
- Trennungsfokussierte Paarberatung
- Familienberatung
- Trennungsgruppe (Erwachsene)

- Juristische Schritte
- Einzeltherapie/Krisenzentrum
- Institutionelle Hilfen (Jugendamt, Sozialberatung, Polizei, Erziehungsberatung, Arbeitsamt,…)
- Trennungsgruppe Kinder

Nachscheidungsphase
Re-Stabilisierung

- Einzelberatung
- Paar- oder Einzelberatung zur Beziehungsrückschau und Abschied
- Familienberatung mit Abschied und Neubeginn
- Trennungsgruppe (Erwachsene)

- Einzeltherapie
- Institutionelle Hilfen (Wohngeld, Sozialberatung, Alleinerziehende Verbände, Arbeitsamt, Mutter-Kind-Kur)
- Trennungsgruppe Kinder

War der Beziehungsstil vor der Trennung partnerschaftlich und wertschätzend, besteht die Chance, trotz möglicher verletzender und unschöner Auseinandersetzungen zu einer fairen Trennung zu kommen. Sollten beide in der glücklichen Lage sein, vor der Trennung die Aufgaben im Haushalt untereinander gleich verteilt zu haben, wird der getrennte Alltag besser bewältigt, da weniger neues Verhalten erlernt werden muss. Frauen, die vor der Trennung einer beruflichen Tätigkeit nachgegangen sind und viele soziale Kontakte haben, sind selbstständiger und erleben die Trennung als weniger existenziell bedrohlich als diejenigen, die wegen der Kinder ihre Berufstätigkeit aufgegeben haben. Dann ist es oft sehr schwierig und manchmal unmöglich, einen beruflichen Wiedereinstieg zu finden. Schaffen sie es dennoch, ist es eine wichtige Ressource für ihr Selbstvertrauen und für die Bewältigung der Trennungsfolgen. War der Beziehungsstil vor der Trennung von vielen Streitereien, aggressiven oder sogar gewalttätigen Auseinandersetzungen geprägt, ist es schwerer und oft unmöglich, zu einer fairen Trennung zu kommen.

Entscheidend für die Bewältigung einer Trennung ist die Fähigkeit, sich mit krisenhaften Lebenssituationen oder Schicksalsschlägen und den dazugehörigen seelischen Schmerzen auseinanderzusetzen. Dazu brauchen wir Widerstandskraft und eine optimistische Lebenseinstellung. Wir brauchen aber auch Ausdauer, denn das Ende unserer Beziehung bedeutet nicht, dass der Neuanfang schon vor der Tür steht. Dazwischen liegt eine Phase des Übergangs (das ›nicht mehr‹ und das ›noch nicht‹), eine beunruhigende Zeit des Loslassens und Noch-nicht-Angekommenseins. Es ist die Zeit, in der wir – bildlich gesprochen – das Ufer eines Flusses verlassen haben und am anderen Ufer noch nicht angekommen sind. Eine Zeit des inneren und äußeren Chaos, eine Zeit heftiger Gefühle, der Orientierungslosigkeit, der Rückschritte, des Stillstandes und des Vorwärtsdrängens.

Sie werden sich fragen: »*Wie soll ich das alles schaffen? Wie machen das andere Menschen? Weshalb endet einer nach einer Trennung in der*

Sucht oder in einer psychischen Erkrankung und ein anderer schafft das und findet schnell wieder einen Sinn im getrennten Leben?« Willy Brandt hat im hohen Alter einmal gesagt: *»Es gibt kaum hoffnungslose Situationen, solange man sie nicht als solche akzeptiert.«* Manche Menschen finden offensichtlich immer einen Ausweg und sehen Licht am Horizont, wo es anderen aussichtslos erscheint. Starke (resiliente) Menschen sind nicht unverwundbar und ohne Leiden, aber unbesiegbar. Sie wissen, dass sie etwas bewirken können, und verfallen deshalb nicht in Resignation. Das heißt aber nicht, dass sie den Anspruch haben, alles allein schaffen zu müssen. Vielmehr holen sie sich den Rat und die Hilfe, die sie brauchen.

Haben Sie vor der Trennung oder Scheidung bereits ungünstige Lebensbedingungen und Krisen in Ihrem Lebenszyklus gemeistert, wissen Sie, dass Sie auf Ihre Fähigkeiten und Stärken auch in dieser Trennungssituation vertrauen können. Sie gehören zu den Menschen, die mit Widrigkeiten des Lebens rechnen und angemessen und flexibel auf die damit einhergehenden Veränderungen reagieren können. Sie besitzen *resiliente* Fähigkeiten und können gegen ungünstige Bedingungen ankämpfen und Ihre persönlichen (internen) und externen Reserven mobilisieren. Stärke bedeutet nicht nur durchhalten, kämpfen, sich nicht unterkriegen lassen, sondern auch loslassen, aufgeben, scheitern. So gilt es, sich mit dem eigenen Scheitern auseinanderzusetzen und sich mit aller Klarheit einzugestehen, dass ein weiterer Kampf um die Beziehung aussichtslos ist – nach dem Motto von Irmela Brender: *»Aber lieber wollte ich ein Versager sein als weiter unglücklich.«* (Brender 1984)

Ist die Trennungssituation die erste große Krise in Ihrem Leben, werden Sie sich anfangs sehr verzweifelt und ohnmächtig fühlen. Die Trennungskrise fordert Sie jedoch heraus, sich nicht hilflos Ihrem »Trennungsschicksal« zu überlassen, sondern Ihre Ressourcen zu nutzen und Ihr Leben aktiv in die Hand zu nehmen. Was ist damit gemeint? *Ressourcen* sind ganz allgemein definiert Hilfsquellen oder Reserven. Bezogen auf den einzelnen Menschen, unterscheidet man interne (persönliche) und externe Ressourcen.

Interne (persönliche) Ressourcen sind:

➜ Widerstandskraft
➜ körperliche und psychische Stabilität
➜ Selbstheilungskräfte
➜ Selbstsicherheit und Fähigkeit zur Selbstverantwortung
➜ positive Bindungen im Leben
➜ Erfahrung im Umgang mit Stress
➜ Kommunikationsfähigkeiten
➜ Leistungsbereitschaft
➜ Optimismus

Natürlich spielen nicht nur psychische Faktoren bei der Bewältigung einer Trennung eine Rolle, sondern auch finanzielle und soziale. Es macht einen großen Unterschied, ob wir durch die Trennung unlösbare finanzielle Probleme bekommen oder lösbare. Entscheidend ist auch das Eingebundensein in ein soziales System, das heißt, ob wir in den schwierigen Zeiten der Trennung auf die Unterstützung von verbliebenen Freunden, Verwandten, professionellen Beratern und sozialen Institutionen zurückgreifen können.

Externe Ressourcen sind:

➜ Verständnis und vorhandene Unterstützung von der eigenen Familie
➜ finanzielle Sicherheiten
➜ Wohnumfeld und soziale Vernetzung
➜ außerfamiliäre Hilfs- und Unterstützungssysteme (Freunde, Nachbarschaft, Arbeitskollegen, Beratungsstellen, weitere Institutionen)

EMPFEHLUNG:

Auch wenn Sie im Moment noch nicht überblicken können, was mit der Trennung alles auf Sie zukommt, überlegen Sie, an wen Sie sich wenden könnten, wenn Sie Hilfe brauchen. Gerade in der ersten Zeit ist es gut zu wissen und schwarz auf weiß auf dem Papier stehen zu haben, dass Sie nicht allein sind, auch wenn Sie sich so fühlen. Wer könnte auf welche Art und Weise für Sie hilfreich sein oder werden?

Erstellen Sie eine Namensliste der potenziellen Helfer mit Ihren dazugehörigen Hilfsanliegen.

BEISPIEL:

Nachbarn: Klaus (Lampe anschließen), Claudia (Computerfragen), Paula (Kinderbetreuung)

....

Institutionen: Jugendamt (Informationen über Kindesunterhalt), Erziehungsberatungsstelle (Trennungsgruppe für Kinder), Beratungsstelle (Trennungsbegleitung) ....

....

Familie ....

....

Freunde ....

....

Wer noch? ....

Für die Bewältigung der Trennung brauchen Sie beide Ihre persönlichen und die zur Verfügung stehenden externen Ressourcen. Es ist wichtig, sie nicht nur zu kennen, sondern sie auch zu aktivieren. Sie werden merken, Sie sind Ihrer Situation nicht nur ausgeliefert, auch wenn Sie die Trennung nicht rückgängig machen können. Vergewissern Sie sich Ihrer persönlichen Stärken.

Mein soziales Netz

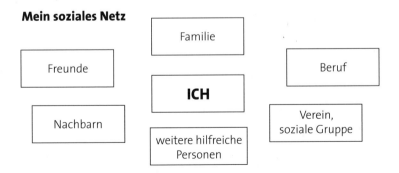

► **ÜBUNG: DAS ABC MEINER STÄRKEN**

Nehmen Sie sich ein wenig Zeit und sammeln Sie Ihre Stärken und Potenziale ein. Es ist gut zu wissen, worauf Sie sich verlassen können. Vervollständigen Sie die angefangene Liste mit Ihren persönlichen Stärken oder Fähigkeiten. Das sind Ihre »eisernen Reserven«!

A – Ausdauer, Abgrenzung, Akzeptanz,

....

B – Bindungsfähigkeit, Besonnenheit,

....

C – Charakterstärke, Chorsingen,

....

D – Disziplin, Demut,

....

E – Eigeninitiative, Ehrlichkeit,

....

F – Friedfertigkeit, Flexibilität,

....

G – Gelassenheit, Geschicklichkeit,

....

H – Humor, Hartnäckigkeit,

....

I – Individualität, Interesse,

....

J – Ja zum Leben, jugendfreundlich,

....

K – Kommunikation, Klarheit,

....

L – Lebensfreude, Liebesfähigkeit,

....

M – Mut, Mitgefühl,

....

N – Neugier, Nein sagen können,

....

O – Offenheit, Ordnungsliebe,

....

P – Probleme lösen, partnerschaftlich,

....

Q – Querdenken,

....

R – Redlichkeit, Ruhe,

....

S – Standvermögen, Selbstachtung,

....

T – Treue, Tatendrang,

....

U – Überzeugungskraft, Umgänglichkeit,

....

V – Verlässlichkeit, Vertrauen,

....

W – Widerstandsfähigkeit, Wertschätzung,

....

X – kein X für ein U vormachen,

....

Z – Zufriedenheit, Zuversicht,

....

Leicht abgeändert nach Ungerer, T. & Hoellen, B.

Haben Sie sich Ihrer persönlichen Ressourcen vergewissert, löst das nicht alle Probleme, aber es hilft, das Vertrauen in die eigenen Möglichkeiten zu stärken. Sie müssen nicht alles können, aber bereit sein, sich die Hilfe, die Sie benötigen, von außen zu holen. Denn davon brauchen Sie in der Trennungssituation einiges, besonders dann, wenn Sie Kinder zu betreuen haben oder umziehen müssen.

EMPFEHLUNG

Rechnen Sie damit, dass die Veränderungen durch die Trennung länger dauern werden, als Sie anfangs denken. Sie können alles nur Schritt für Schritt bewältigen. Manchmal wird es auch erst schlechter, um besser zu werden. Muten Sie sich nicht zu viel zu, aber stellen Sie sich den Anforderungen. Wenn Sie schwierige Situationen meistern, lernen Sie an Ihren Erfolgen. Und wenn Sie von Anfang an auch Misserfolge einkalkulieren, ohne diese nur negativ zu sehen, können Sie sogar an Misserfolgen lernen. Vertrauen Sie darauf, dass Stressbelastung und Tiefpunkte vorbeigehen werden. Bleiben Sie dran: durch Zuversicht, planvolles Vorgehen

und Konzentration auf kleine Schritte werden sich bei Ihnen Handlungs-
erfolge einstellen und Sie werden an sich glauben.

Ist es Ihnen am Ende des Trennungsprozesses möglich, die gemeinsame
Beziehungsvergangenheit nicht nur unter der Perspektive des Scheiterns,
sondern auch als persönlichen Zuwachs zu sehen, wird Ihnen die Neuorientierung leichter gelingen (siehe: Abschied und Neubeginn gestalten).

EMPFEHLUNG

Auch wenn Sie die Trennung aktiv herbeigeführt haben und schon öfter
über Ihre getrennte Zukunft nachgedacht haben, bleiben Sie nicht von
Stress und unliebsamen Überraschungen verschont. Trennungsprozesse
sind nicht geradlinig, sondern spielen sich auf vielen Ebenen gleichzeitig
ab. Besonders am Anfang der Trennung werden die emotionalen Reaktionen und das Verhalten Ihrer Partnerin/Ihres Partners wenig vorhersehbar
sein. Das erfordert von Ihnen einerseits Klarheit und andererseits Kommu-
nikationsbereitschaft, um eskalierende Entwicklungen zu vermeiden. Auch
Sie brauchen jetzt Ihr Potenzial an Ressourcen, um sich fair zu trennen und
die notwendigen inneren und äußeren Veränderungen zu bewältigen.

▶▶ *Beispiel: Was gut beginnt, kann schwierig werden*

Herr S. hat sich nach langem Hin und Her und vergeblichen Versöhnungs-
versuchen von seiner Frau getrennt. Erleichtert, nun den Schritt vollzogen
zu haben, bezieht er eine kleine Wohnung in der Nähe, um, wie er sagt, viel
Kontakt zu seiner siebenjährigen Tochter zu behalten. Er verzichtet auf
Hausrat – was ihm eigentlich zustehen würde –, um der Tochter nicht eine
halbleere Wohnung zuzumuten. Anfangs weiß seine Frau das zu schätzen
und stimmt häufigen Kontakten zwischen Vater und Tochter zu. Herr S. ist
die Versorgung seiner Tochter mit allen Konsequenzen wie Kochen, Haus-
aufgaben machen, an Termine denken, Kleidung säubern ... nicht ge-
wohnt. Er vergisst immer wieder wichtige Dinge, gesteht es aber nicht ein,
sondern bagatellisiert. Seine Frau realisiert immer mehr die Schwierig-
keiten, das Leben allein zu bewältigen, und wird zunehmend wütender
auf ihren Mann. Seine gehäuften »Schlampereien« und nicht eingehal-
tene Terminabsprachen sowie ihre Überforderung mit dem Alleinleben

»bringen das Fass zum Überlaufen«. Frau S. will den Kontakt zum Kind ein-
schränken, Herr S. droht damit, alle ihm gehörenden Gegenstände aus der
Wohnung zu räumen. Er findet sich da wieder, wo er nicht hinkommen
wollte und befürchtet einen Kleinkrieg auf Kosten des Kindes. Er wendet
sich an eine Beratungsstelle und lernt, aus dem Machtkampf auszustei-
gen, ohne auf eine gute Besuchsregelung mit seiner Tochter zu verzichten.

Für die Kinder

»Meine Mutter sagt, dass es früher auch ein paar normale Papas gab. Die
kamen nach Hause, guckten Fernsehen und tranken Bier. Solche Väter
gibt's, glaub' ich, nicht mehr. Du kannst zum Beispiel einen Vater haben,
der nicht dein Vater ist. Oder einen Vater, der zwar dein Vater ist, aber wo-
anders wohnt. Oder einen Vater, den es zwar gibt, aber du hast keine Ah-
nung wo. Oder einen Vater, den du nicht kennst. Oder einen Vater, den du
zwar kennst, zu dem du aber nicht Papa sagst, weil du zu dem Mann dei-
ner Mutter Papa sagst. Oder einen Vater, zu dem du Papa sagst, obwohl
er nicht der Mann deiner Mutter ist. Oder einen Vater, von dem du weißt,
wo er ist, zu dem du aber nicht hin darfst ...« (Kuijer 2006)

Die Entwicklungsverläufe von Scheidungskindern hängen von vielen Faktoren ab. So wird die erste Zeit unmittelbar vor und nach der
räumlichen Trennung der Eltern als eine hoch belastete und kon-
fliktreiche Phase angesehen. Kinder werden in dieser Zeit emotional
destabilisiert. Nach zwei bis drei Jahren haben sich bei den meisten
Kindern (ausgenommen bei den ›Hochbelasteten‹) die Symptome
deutlich verringert. Auch wenn Scheidungskinder besonders am Anfang der elterlichen Trennung mehr soziale und psychische Probleme
haben als andere Kinder, findet sich die große Mehrheit nach ein paar
Jahren der Trennung gut im Leben zurecht. Für die weitere psychoso-
ziale Entwicklung der betroffenen Kinder und Jugendlichen ist es weniger entscheidend, dass, sondern *wie* die Eltern sich trennen. Unge-
löste Partnerschaftskonflikte, die über die Trennung hinauswirken,
haben großen Einfluss darauf, wie sich die Kinder weiterentwickeln
werden. Geraten die Eltern in einen *»Krieg um die Kinder«*, entstehen

hohe Verluste – zuerst wird die Wahrheit und dann werden die Kinder ›geopfert‹. Fortgesetzte Konflikte der Eltern, besonders die, die das Kind betreffen, gefährden Scheidungskinder wie auch Kinder in Kernfamilien. Die bisherigen Untersuchungsergebnisse deuten darauf hin, dass die Belastungen von Scheidungskindern nicht größer sind als von Kindern aus dauerhaft disharmonischen und strittigen Ehen. Die Entwicklungschancen von Scheidungskindern hängen in hohem Maße davon ab, wie es den Eltern gelingt, sich als Paar zu trennen, und wie sie ihre Erziehungskompetenzen vor und nach der Trennung wahrnehmen.

Als schützend gelten bisherige positive Bindungserfahrungen des Kindes. Bindung entsteht, wenn ein Kind wenigstens eine liebevolle konstante Bezugsperson hat, die sich um das Kind kümmert. Jemand muss dem Kind Geborgenheit sowie Anerkennung für seine Fortschritte geben und es in seinen Fähigkeiten fördern. Kinder wollen unabhängig von ihren Leistungen und ihrem Wohlverhalten geliebt werden. Hilfreich sind ein gleichbleibend zugewandter und konsequenter Erziehungsstil beider Eltern, eine positiv erlebte Beziehung zum getrennt lebenden Elternteil, zu den Geschwistern und zu den Großeltern. Das Kind braucht die Möglichkeit, den Verlust des Zusammenlebens mit beiden Eltern zu betrauern und wütend zu sein. Es braucht die innere Erlaubnis, trotz der Trennung beide Eltern lieben zu dürfen.

Kinder, die einen guten und regelmäßigen Kontakt zum getrennt lebenden Elternteil haben, sehen diesen als zur Familie gehörend und sind weniger auffällig. Wichtiger als die Quantität des Kontaktes zum getrennt lebenden Elternteil ist die Qualität der Beziehung. Ein konsequentes Erziehungsverhalten mit Regeln und entsprechenden Kontrollen sowie hoher Zuwendung und Unterstützung zählt mehr für die Entwicklung des Kindes als die Zahl der Besuchskontakte. Grundsätzlich gilt es als günstig, wenn Kinder in der gewohnten Umgebung mit Schulbesuch und allen sozialen Kontakten bleiben können. Kontinuität in außerfamilialen Bezügen gibt den Kindern Halt und Sicherheit. Kinder bewältigen die Scheidung ihrer Eltern unterschiedlich. Resiliente (widerstandsfähige) Kinder verhalten sich der neuen Lebenssituation gegenüber aktiv. Sie haben die innere Gewissheit, dass sie geliebt und wertgeschätzt werden, das heißt, sie haben eine positive Selbsteinschätzung. Diese Kinder kennen ihre Stärken und Schwächen und wissen, was sie sich zutrauen können und was nicht. Sie versuchen zunächst, selbst Lösungen zu finden, und holen sich nach Bedarf Hilfe. Grundsätzlich zeigt sich, dass Kinder, die vor der elterlichen Trennung psychisch stabil waren, auch hinterher stressresistenter sind und bessere Anpassungsleistungen in der veränderten Lebenssituation aufweisen. Das bedeutet, dass die nicht stabilen Kinder in der Trennungssituation einer besonderen Aufmerksamkeit bedürfen und oft therapeutische Hilfe benötigen.

Auch bei einer sogenannten »parallelen Elternschaft« bei fortlaufender gegenseitiger Ablehnung der Ex-Partner, aber separat positiver Zuwendung und verlässlichem Kontakt, haben Trennungskinder vergleichsweise gute Entwicklungschancen. Als günstig gelten jedoch Familienkonstellationen, in denen die Eltern in der Erziehung kooperieren. In diesen Trennungsfamilien bleiben beide Eltern nach der Scheidung in hohem Maße mit den Kindern verbunden und haben auch zueinander eine distanzierte, aber positiv getönte Beziehung, ohne die veränderte und getrennte Beziehungssituation zu leugnen. Damit vergrößert sich die Chance für die Kinder, vor Loyalitätskonflikten und einseitigen Allianzen bewahrt zu werden.

▶▶ Beispiel: Lieber bleib ich klein

Anna, fünf Jahre alt, reagiert auf die Trennung der Eltern unauffällig bis gar nicht. Sie hat sich daran gewöhnt, dass ihr Vater abends angetrunken von der Arbeit heimkommt und vor dem Fernseher einschläft. Wenn die Mutter es erlaubt, kuschelt sie sich in den Arm des Vaters. Ansonsten schläft Anna im Bett des Vaters, damit der Vater auf dem Sofa die Nacht verbringt und die Mutter nicht stört. Die abendlichen Auseinandersetzungen der Eltern behindern Anna oft beim Einschlafen. Annas Mutter kommt nach langem Ringen zu dem Entschluss, sich bis zum Schulanfang ihrer Tochter von ihrem Mann zu trennen. Als Anna mit ihrer Mutter verreist ist, zieht der Vater aus und geht zurück ins Haus seiner alten Eltern. Anna scheint den Vater nicht zu vermissen und freut sich auf den Schulanfang. Da der Vater mittlerweile aufgrund seines Alkoholproblems seine Arbeit verloren hat, will die Mutter den Besuchskontakt zum Vater mithilfe des Gerichts aussetzen lassen, bis er sich therapeutische Hilfe holt. Am ersten Schultag fragt Anna, ob der Papa kommt. Die Mutter verneint es, und wieder scheint es Anna nichts auszumachen. Am zweiten Schultag klagt Anna über Bauchschmerzen und will nicht mehr in die Schule gehen.

CHECKLISTE ZU KLÄRENDER ELTERNFRAGEN

- Wann und wie erklären wir unseren Kindern die Trennung?
- Wie können wir als Eltern konstruktiv im Kontakt bleiben, obwohl wir nichts mehr voneinander wissen wollen?
- Was wird sich für unsere Kinder verändern und was nicht?
- Wie können wir unseren Kindern helfen, die notwendigen Veränderungen zu bewältigen?
- Welchen Kontakt sollten unsere Kinder zu neuen Partnern haben, welchen nicht?
- Welche Unterstützungssysteme könnten hilfreich sein?
- Wie regeln wir die Umgangsfragen?
- Wie erschaffen wir für unsere Kinder an zwei Orten ein Zuhause?
- Wie wichtig ist der Erhalt der Beziehungen unserer Kinder zu den Großeltern und zu den Geschwistern?
- Welche Wertvorstellungen und Regeln wollen wir für unsere Kinder erhalten und welche werden sich verändern?
- Wie können wir mit den Gefühlen und Ängsten unserer Kinder umgehen?
- ....
  ....
- ....
  ....

1.3 Welche äußeren Veränderungen stehen an?

Für die Erwachsenen

Steht die Trennung fest, ist es ratsam, sich spätestens jetzt juristischen Rat zu holen, um sich rechtzeitig zu informieren und zu wissen, wie die rechtlichen Folgen einer möglichen Scheidung sein werden, auch, welche Entscheidungen und Veränderungen schon im Vorfeld ratsam sind oder wann das vorgeschriebene Trennungsjahr beginnt. Manche Paare leben im Trennungsjahr aus finanziellen oder anderen Gründen weiterhin in der gemeinsamen Wohnung. Um die rechtlichen Voraussetzungen des Trennungsjahres zu erfüllen, müssen sie getrennt von »*Tisch und Bett*« leben, das heißt, getrenntes Fach im Kühlschrank, getrenntes Essen, getrennte Wäsche, kein Sex, getrennter Alltag unter einem Dach. Ist einer von beiden emotional noch sehr gebunden, hegt noch Hoffnung oder ist sehr verletzt, ist diese Form des Trennungsjahres eine höchst komplizierte Angelegenheit. Dieses wirkt sich besonders ungünstig auf die Kinder aus, da sie sich emotional in der Regel mit dem schwächeren Elternteil verbünden und hin- und herschwanken« zwischen Hoffnung und Resignation.

Die meisten Paare trennen sich zunächst räumlich, und einer oder beide kommen zu dem Entschluss, sich scheiden zu lassen. Ältere Paare bleiben oft aus finanziellen Gründen verheiratet und leben getrennt. Die Zeit unmittelbar vor und nach der räumlichen Trennung erleben Trennungsbetroffene verstärkt konflikthaft und belastend. Einer zieht in eine andere Wohnung, die nah oder fern sein kann. Dieser Tag ist einer derjenigen Wendepunkte im Leben, den die Betroffenen nicht vergessen. Jedes Familienmitglied spürt und realisiert, wie weitreichend die inneren und äußeren Veränderungen sind, auch wenn diese vorher schon erahnt oder befürchtet wurden. Mit der räumlichen Trennung verändern sich für beide Partner die alltäglichen Gewohnheiten des bisherigen gemeinsamen Lebens. Jetzt heißt es: allein aufstehen, allein frühstücken, allein die Kinder versorgen, allein in die leere oder noch unvertraute Wohnung heimkommen ... »*In der ersten Zeit habe ich meiner Katze erzählt, wie es mir am Tag ergangen ist.*« ... »*Allein einzuschlafen und aufzuwachen war am Anfang das Schlimmste, ich habe mich nie so verlassen gefühlt wie in diesen Zeiten.*« ... »*Ich habe mir gedacht, wieso soll ich eigentlich mein Bett machen, wenn es keiner mehr mit mir teilt.*« ... »*Meine Tochter weint vor jedem Zubettgehen, weil sie keinen Vater mehr hat, der ihr abends eine Gute-Nacht-Geschichte erzählt.*« ...

Erst im Getrenntsein wird Paaren und Familien bewusst, wie viele Gewohnheiten und Selbstverständlichkeiten den gemeinsamen Alltag geprägt haben. Beide Partner und die Kinder erleben, wie äußere Sicherheiten und Strukturen zerfallen. Gerade zu Beginn der räumlichen Trennung sind viele praktische Dinge zu erledigen. Die notwendige Beschäftigung mit den äußeren Veränderungen lässt den Schmerz und die Verzweiflung besonders desjenigen, der verlassen wurde, noch nicht oder nur zeitweise und in schlaflosen Nächten zu. Obwohl beides gleichzeitig da ist, der Schmerz und die Notwendigkeit zum Handeln, kann nicht alles zur gleichen Zeit bewältigt werden. Vielleicht geht es Ihnen wie vielen Menschen in dieser Situation: Sie haben das Gefühl, einfach nur zu funktionieren. Es ist eine normale Reaktion und hilft Ihnen, Ihren Alltag aktiv und selbstwirksam zu gestalten – als Gegenpol zu Gefühlen der Ohnmacht und des Schmerzes. So erleben Sie immer wieder (trotz aller Not), dass Sie allein etwas hinbekommen, was Sie früher selbstverständlich an Ihren Partner delegiert haben. Sie fühlen sich kurzfristig gestärkt.

Zeitweise breitet sich Orientierungslosigkeit aus und alles erscheint unlösbar: »*Worum kümmere ich mich zuerst und zuletzt? Wie kann meine Seele überhaupt den vielfältigen Veränderungen folgen?*« Die inneren und äußeren Veränderungsanforderungen sind verwirrend, widersprüchlich bis chaotisch. Es gilt nur eins: durchkommen. Sie erkennen, dass Sie den notwendigen Veränderungen des neuen Alltags nicht entgehen können. Auch wenn es dafür kein Rezept gibt, ist es hilfreich, annähernd zu wissen, was auf Sie zukommt, um die Übersicht nicht zu verlieren und handlungsfähig zu bleiben. Überfordern Sie sich nicht. Sie brauchen Zwischenlösungen und erreichbare Ziele.

- Getrennte juristische Beratung
- Wohnungssuche für einen oder für beide
- Auflösung des gemeinsamen Haushaltes. Derjenige, der auszieht, darf grundsätzlich alle persönlichen Gegenstände, d. h. alles, was ihm allein gehört, mitnehmen. Über das Gemeinsame müssen sich beide Partner einigen.
- Trennung der Konten/Versicherungen. Es ist ratsam, Veränderungen im Versicherungsschutz bei Trennung zu überprüfen.
- Möglichen Trennungsunterhalt und nacheheliche Unterhaltsansprüche klären (das momentane Recht stellt die Unterhaltsansprüche der Kinder in den Vordergrund).
- Getrennte Urlaube planen und Freizeit gestalten.
- Getrennte Freundschaften und Verwandtschaftskontakte organisieren.
- Regelung der getrennten Kinderbetreuung (Sorge- und Umgangsregelung), des Kindesunterhaltes und des Kindergeldes. Unterlagen sichten (manchmal auch sichern), aus denen sich das Einkommen und Vermögen des anderen ergibt (Steuerbescheide, Gehaltsabrechnungen, Nachweise für Darlehen und Ausgaben wie Versicherungsprämien, Kontoauszüge des vergangenen Jahres, wichtige Vereinbarungen wie Ehevertrag, Immobilienkaufverträge ...).
- Auflistung aller Wertgegenstände, die eindeutig einem von beiden gehören evtl. Wohngeld, Hilfe zum Lebensunterhalt oder Unterhaltsvorschuss (falls der Ausgezogene keinen Unterhalt zahlt) bei der Sozialbehörde beantragen.
- ....
- ....

Sie können viel, aber nicht alles im Vorfeld Ihrer Trennung abklären. Einige drängende Fragen werden vorerst unbeantwortet bleiben – vor allem bezüglich der tieferen Ursachen der Trennung und der weiteren Zukunft. Auch wissen Sie heute noch nicht, ob Sie wieder in einer neuen Partnerschaft leben werden oder nicht. Fast alles ist in der Schwebe. Da ist es gut zu wissen, aber noch nicht zu glauben, dass laut Scheidungsforschung die meisten Trennungsfamilien nach zwei bis fünf Jahren (Phase der Re-Stabilisierung) ein inneres und äußeres Gleichgewicht gefunden haben.

> **EMPFEHLUNG**
>
> Sollten Sie beide in den oben genannten zu regelnden Dingen, besonders in Fragen der Umgangsregelung und des Kindesunterhalts, aber auch in Fragen des Auszugs und der damit verbundenen Hausratsaufteilung, keine Einigung finden, nutzen Sie die Unterstützung einer Ehe-, Familien- und Lebensberatungsstelle, des zuständigen Jugendamtes oder einer Mediation (siehe Anhang).

Für die Kinder

Hallo Mam,
du kannst meinen Brief auch Pap zeigen. Er ist aber an dich. Vielleicht werde ich gar nicht fertig mit ihm. Dann kriegst du ihn nicht.
O Mam. Dauernd kracht ihr euch. Ich finde es grässlich, wenn Pap schreit, dass er dich hasst. Und du ihm seine Trine vorwirfst, die wir überhaupt nicht kennen, zu der er aber immer fährt. Dabei tut ihr so, als gibt es mich und Lars nicht. Wir sind doch eure Kinder.
Ich werde nicht fertig mit dem Brief. Heute fange ich wieder an. Es ist zwei Tage später. Ich hab ihn eineinhalb Seiten voll geschrieben und dir noch nicht gesagt, was Lars und ich wissen. Ihr wollt euch scheiden lassen. Warum sagst du uns nichts davon, Mam? Bedeuten wir Kinder gar nichts mehr für euch? Wenn ihr so weitermacht, kriegt ihr es mit dem Gericht zu tun oder mit dem Jugendamt. Ihr müsst euch um uns kümmern! Weil es ein Wort gibt, das ziemlich wichtig klingt: Kindeswohl. (Härtling 1997)

Das eheliche und familiäre System löst sich auf, während das elterliche erhalten bleibt, gesetzlich ausdrücklich gewollt durch das gemeinsame Sorgerecht. Gerade in der ersten Zeit ist es eine der größten Herausforderungen für Getrennte, zwischen der Paar- und Elternebene zu unterscheiden. Während sie als Paar nichts mehr miteinander zu tun haben wollen, müssen sie als Eltern kooperieren, um größeren Schaden von den Kindern fernzuhalten. Die emotionale Lage der Erwachsenen und der Kinder ist in dieser Phase gleichermaßen instabil, sodass manchmal nicht zu unterscheiden ist, ob die Eltern die Kinder trösten oder umgekehrt. Die Zuspitzung der Emotionen macht es den Eltern noch schwerer, die Kinder in ihren Bedürfnissen nach Schutz und Sicherheit wahrzunehmen als in der Zeit davor.

Kinder und Jugendliche müssen sich mit den eingetretenen Lebensveränderungen auseinandersetzen und ihre Beziehungen zu beiden Eltern neu ordnen. So gewöhnen sie sich allmählich daran, allein mit einem Elternteil zu leben, den anderen weniger zu sehen und zwischen zwei Wohnsitzen hin und her zu pendeln. Sie müssen lernen, sich in zwei getrennten Lebenswelten – der Welt der Mutter und der Welt des Vaters – zurechtzufinden. Der Verlust der Anwesenheit und emotionalen Verfügbarkeit beider Eltern und die Veränderungen der Lebensgewohnheiten bedeutet eine enorme Anforderung für die Kinder. Hilfreich wäre, ihnen nur die Veränderungen zuzumuten, die unbedingt erforderlich sind, das heißt, ihnen ihr soziales Umfeld und ihre Freundschaften möglichst zu erhalten. Kinder wünschen sich manche Veränderungen wie zum Beispiel das Ende der elterlichen Streitereien, der Drohungen oder Gewalt. Sie haben jedoch auch gleichzeitig Angst vor Veränderungen wie zum Beispiel dem Verlust eines Elternteils. Der Wunsch nach Veränderung weckt Energie und Fähigkeiten, die Angst vor Veränderungen (etwa vor dem Auszug des Vaters) hingegen führt zu Lähmung und Leugnung der Vorgänge, zu vorübergehender Handlungsunfähigkeit. *»Dieses Neben- und Nacheinander von mobilisierenden, lähmenden und regressiven Wirkungen auf das Kind entspricht übrigens annähernd jener Ambivalenz, die der Trennungsprozess auch für Erwachsene hat. Auch sie fühlen sich im Lauf der Trennung zeitweise gestärkt und dann wieder erheblich geschwächt.«* (Sieder 2010) Es ist unbestritten, dass Kinder im Trennungsprozess der Eltern hohen Belastungen durch die zu bewältigenden Veränderungen ausgesetzt sind.

CHECKLISTE: WAS VERÄNDERT SICH FÜR DIE KINDER:

- Kontakt- und Unterstützungsmöglichkeiten eines Elternteils reduzieren sich.
- Kinder müssen sich an Besuchszeiten und an eine neue Wohnung, manchmal auch an eine neue Partnerin/einen neuen Partner von Vater und Mutter gewöhnen. Rituale und Gewohnheiten wie Zubettgehrituale, gemeinsame Mahlzeiten mit beiden Elternteilen, Abhol- und Bringgewohnheiten durch beide Eltern, gemeinsame Freizeitaktivitäten und Familienurlaube sowie Freundes- und Verwandtenkontakte ändern sich.
- Vielfach müssen Kinder Umzüge in eine andere Wohngegend oder Stadt verkraften und verlieren Freunde und unterstützende Erwachsene.
- Kinder erfahren emotionale, finanzielle und zeitliche Einschränkungen ihrer getrennten Eltern.
- Kinder müssen mehr Selbstständigkeit erlernen, da ein alleinstehender Elternteil sehr viel eingespannter in der Organisation des Alltags ist als zwei Eltern miteinander.

Handreichung für getrennte Eltern
Was können Eltern im Falle einer Trennung oder Scheidung für ihre Kinder tun?

Wie Ihr Kind Ihre *Trennung als Paar* verarbeiten wird, hängt größtenteils davon ab, wie gut Sie als Eltern seine Bedürfnisse wahrnehmen und verantwortungsvolle Entscheidungen im Interesse und zum Wohl Ihres Kindes treffen werden. Für Kinder ist die Beziehung zu Vater und Mutter unkündbar. Die wichtigsten Hilfen, die Sie Ihrem Kind geben können, bestehen darin, weiterhin als Vater und Mutter verlässlich verfügbar zu sein und bestehende vertrauensvolle Beziehungen Ihres Kindes zu wichtigen Bezugspersonen und Freunden zu erhalten.

Mit den Kindern sprechen:

1. Sagen Sie Ihrem Kind möglichst gemeinsam und in einer altersgemäßen Sprache, dass Sie nicht mehr zusammenleben können und

sich trennen werden. Sagen Sie sinngemäß auch: »*Es tut uns leid, dass wir dir unsere Trennung zumuten müssen.*« Vermeiden Sie gegenseitige Schuldzuweisungen, verleugnen Sie jedoch nicht, wenn nur ein Elternteil die Trennung will.

2. Ermuntern Sie Ihr Kind zum Fragen, erklären Sie aber nicht die ganzen Trennungshintergründe, sondern verständigen Sie sich z.B. auf ein »*Ende der gemeinsamen Liebe*« oder auf die »*Unmöglichkeit, weiterhin als Paar zusammenleben zu können*« oder auf »*zu viel Streit ohne Versöhnung*« ...

3. Sagen Sie jedem Kind persönlich und in Ihren Worten, dass Ihre Trennung nichts mit ihm zu tun hat. »*Du bist nicht schuld.*« Auch, dass beide Eltern es noch genauso lieb haben wie bisher, dass es beide Eltern gleichermaßen gern haben kann und dass es nichts tun kann, um Sie wieder zusammenzubringen.

4. Erzählen Sie Ihrem Kind, was sich zukünftig *verändern* und was sich *nicht verändern* wird.

5. Vereinbaren Sie als Eltern verlässliche, jedoch nach Bedarf veränderbare Umgangsregelungen (Elternvereinbarung) und berücksichtigen Sie die individuellen und altersmäßigen Bedürfnisse Ihres Kindes.

6. Vermeiden Sie gegenseitige Herabsetzungen und Auseinandersetzungen vor Ihrem Kind.

7. Handeln Sie in der Erziehung und Betreuung Ihres Kindes miteinander und nicht gegeneinander. So ersparen Sie Ihrem Kind Loyalitätskonflikte. Kinder lieben beide Eltern und möchten beiden Eltern »*ungestraft*« nahe sein können. Sagen Sie Ihrem Kind, dass Sie nicht wollen, dass es ein Verbündeter von einem von Ihnen wird.

8. Ermutigen Sie Ihr Kind immer wieder, mit Ihnen sowie mit anderen über seine Situation zu reden und *seine Gefühle zu zeigen*, auch seine Trauer und seinen Zorn.

9. Schenken Sie Ihrem Kind Aufmerksamkeit, *Zuwendung*, Verlässlichkeit und Halt.

10. Nutzen Sie vorhandene *Unterstützungssysteme* und Hilfe von Dritten.

1.4 In welchen Phasen verläuft die Trennung?

Trennung ist ein Prozess und schließt ein »Davor« und ein »Danach« mit ein. Der Trennungsprozess beginnt mit der Ambivalenzphase hin zur Trennungs- oder Scheidungsphase bis zur Nachscheidungsphase. Die erste Phase des Trennungsgeschehens ist die sogenannte

→ **Vorscheidungs- oder auch Ambivalenzphase.** Diese Phase kann sich über mehrere Jahre hinziehen. Bei kürzerer Beziehungs- oder Ehedauer nimmt sie weniger Zeit und Energie in Anspruch als bei langjährigen Partnerschaften, besonders dann, wenn Kinder vorhanden sind. Manche Paare trennen sich lange nicht wegen der Kinder, manche trennen sich wegen der Kinder, um ihnen ein Leben mit permanent unglücklichen oder streitenden Eltern zu ersparen. Ein deutliches Zeichen der Ambivalenzphase ist die fortgeschrittene Ehekrise, die manchmal mit oder ohne Paartherapie noch umkehrbar ist, in vielen Fällen jedoch zur endgültigen Distanzierung und Trennung führt. Die Vorscheidungsphase endet, wenn ein Partner definitiv seinen Trennungsentschluss mitteilt.

→ **Die Trennungsphase** umfasst die Zeit der endgültigen Trennungsentscheidung eines oder beider Partner und die Umsetzung der Trennung (Auszug eines Partners, Beginn des Trennungsjahres) bis zur Scheidung. In dieser Phase sind die inneren und äußeren Anforderungen für alle Beteiligten am höchsten. Verlust und Trauer müssen verarbeitet werden, und gleichzeitig stehen viele Lebensveränderungen an. Es ist eine Phase der Verunsicherung und des Übergangs. Mit dem Scheidungsbeschluss wird die Endgültigkeit der Trennung besiegelt. Die juristische Scheidung bedeutet in den meisten Fällen noch keinen Abschluss der *emotionalen Scheidung* voneinander. Die zeitliche Dimension der emotionalen Loslösung hängt von der Dauer der Beziehung, der Art und Weise der Trennung, dem Ausmaß der Kränkung und des Verlustes sowie von den inneren und äußeren Rahmenbedingungen (Ressourcen) ab.

→ **Die Nachscheidungsphase** beginnt, sobald die juristische Scheidung vollzogen ist. Bei den meisten Trennungsbetroffenen befindet sich die emotionale Loslösung in der Endphase. Der trennungspassive Partner, das heißt derjenige, der die Trennung nicht initiiert oder gewollt hat, braucht in der Regel länger, da der Trennungsaktive ja bereits in der Beziehung begonnen hat, sich zu verabschieden. Jetzt liegt der Schwerpunkt in der Bewältigung des endgültig getrennten Lebens und im Aufbau eines neuen Lebenskonzeptes mit oder ohne Partner. Die zu leistenden Entwicklungsaufgaben der getrennten oder geschiedenen Partner unterscheiden sich fast nicht mehr, außer dass häufig ein Partner wieder neu liiert ist und die vorwiegende Betreuungsperson der Kinder (meistens die Mutter) die Hauptlast im Alltag trägt.

EMPFEHLUNG

Machen Sie sich klar, in welcher Phase Sie sich befinden und welche Anforderungen Sie jetzt und in der nächsten Zeit zu bewältigen haben. Richten Sie Ihren Blick nicht zu weit in die Zukunft – nur, wenn Sie weitreichende Entscheidungen, wie z.B. Wohnortwechsel oder Hausverkauf, planen. Ansonsten überfordern Sie sich mit den Gedanken, was nach der Scheidung alles auf Sie zukommen wird. Richten Sie Ihre Wahrnehmung auf das Aktuelle und auf das, was Sie schon geschafft haben. Vergessen Sie nicht, sich dafür »auf die Schulter zu klopfen«.

TEIL II

Von der Krise zur Trennung

»Immer wieder bringen wir unser Leben in eine Form,
immer wieder zerbricht das Leben die Form.«

Arno Geiger

2.1 Offene und verborgene Zeichen des Anfangs vom Ende
– Wenn Veränderungswünsche ins Leere laufen

Sie oder Ihr Partner, vielleicht auch Sie beide, haben sich mit der Frage auseinandergesetzt, ob Sie zusammen bleiben wollen oder nicht.

Die wenigsten Menschen beenden eine Ehe oder eine ernsthafte Beziehung leichten Herzens. Vielmehr durchleben sie längere Zeiten des Hin- und Hergerissenseins und der zermürbenden Unentschlossenheit. Frauen und Männer, die sich getrennt haben, berichten, dass diese Phase viel Kraft gekostet hat. Sie wollten negative Veränderungen in ihrer Partnerschaft und in ihren Gefühlen nicht wahrnehmen und konnten sie dennoch nicht mehr übersehen. *»Es war ein ständiges Aufblitzen von Enttäuschungen. Ich konnte mich nicht dagegen wehren.«* ... *»Ich wurde immer energieloser, hatte zu nichts mehr Lust und schaute gleichzeitig ständig anderen Männern hinterher.«* ... *»Ich redete, redete, redete ... an die Wand.«* ... *»Ich hatte keine Ideen mehr, etwas zu verändern, ich wartete auf irgendwas.«*

Die ersten Anzeichen einer absterbenden Beziehung sind nicht leicht zu erkennen, denn in allen Ehen und Partnerschaften gibt es Krisen. Dieses gehört zum normalen Beziehungsgeschehen dazu, denn nur positive Gefühle zu empfinden oder vom anderen zu erwarten, entspricht einer Illusion. So dürfte es nur wenige Verheiratete oder Paare geben, die nicht irgendwann einmal an Trennung oder Scheidung gedacht haben. Gleichzeitig positive und negative Gefühle zu haben, nennt man Ambivalenzen. Dieser Zustand der Unentschlossenheit kann sehr kurz sein, kann sich aber auch lange hinziehen oder zum Dauerzustand einer Ehe werden. Das Zerrissensein zwischen der Entscheidung, in der Beziehung zu bleiben oder zu gehen, ist kräftezehrend, denn es ist ja bereits eine Folge von Enttäuschung und Leid. Es ist eine Zeit zwischen Hoffen und Bangen.

Wird das Leiden aneinander größer als das Sichfreuen und Miteinanderwachsen, verfestigen sich die Probleme, und gegenseitige Angriffe oder/und Rückzüge nehmen zu. Die Zuneigung und Liebe schwinden immer mehr. Es kommt zu einer emotionalen Abwärtsentwicklung. Viele Gewohnheiten und Verhaltensweisen, die bisher hingenommen wurden, stören immer mehr und entpuppen sich als Zündstoff. Die positiven Seiten des anderen verlieren an Glanz, die negativen treten in den Vordergrund. Erste Trennungsfantasien tauchen auf und verschwinden wieder. Es ist eine quälende Zeit zwischen Hoffnung und Resignation. Orientierungslosigkeit und Zukunftsängste breiten sich aus. Die Kommunikation bricht ab oder verschlechtert sich auffällig. Zeiten von Rückzug und Sprachlosigkeit wechseln sich ab mit Zeiten von massiven Streitigkeiten oder auch Versöhnungsversuchen.

Teilt ein Partner verstärkt Unzufriedenheit, Zweifel und Trennungsgedanken mit, hat der andere die Chance, sich auf eine mögliche Trennung einzustellen. Die Trennungsentscheidung kommt dann nicht unvorbereitet und wird eher von beiden getragen. Werden dauerhaft ambivalente Gefühle nicht kommuniziert, entsteht durch die Geheimhaltung und durch die zunehmenden Zweifel eine negative Spannung. Es entwickelt sich ein Abschiedsprozess auf Raten, und die Gedanken wandern immer mehr in Richtung getrennte Zukunft. Viele Trennungsambivalente betreiben eine »heimliche Buchführung«, indem sie Beweise und Argumente dafür sammeln, dass ihre Trennungsabsicht gerecht und begründet ist. Die Indizien werden beim »heimlich Ambivalenten« jedoch meist erst eröffnet und eingesetzt, wenn die faktische Trennung beginnt. Der endgültige Trennungsentschluss braucht meistens den »Tropfen auf dem heißen Stein«, sei es eine weitere Enttäuschung, eine plötzlich veränderte Lebenssituation (Tod eine Elternteils, Arbeitslosigkeit ...), der Übergang zu einem neuen Lebensabschnitt (runder Geburtstag, Volljährigkeit des jüngsten Kindes, Arbeitsplatzwechsel, Rentenbeginn), um nur einiges zu nennen. In vielen Fällen haben dann heimliche Geliebte die Funktion, Trennungsambivalente »*loszueisen*« (Sieder 2008).

Getrennte Paare berichten im Rückblick, dass der innere Trennungsprozess schon lange begonnen hat, bevor sie sich definitiv getrennt haben. Auch diejenigen, die plötzlich und unvorbereitet verlassen wurden, erkennen im Nachhinein, dass sie vieles übersehen haben, was sie eigentlich immer wieder gestört hat. Schon damals haben sie geahnt, dass sie von ihrem gemeinsamen Weg abkommen und aufhören, einander wahrzunehmen. »*Ich habe mir immer wieder vorgestellt, dass ich lieber allein mit den Kindern leben möchte, habe mich aber nicht getraut, den Schritt zu tun. Jetzt hat er mir das mit seiner Trennungsentscheidung abgenommen und ich bin ihm trotzdem böse, obwohl ich ihm doch dankbar sein könnte. Ich glaube, ich wollte die Trennungsverantwortung nicht übernehmen, um ihm die Schuld geben zu können.*«

Gerade die Paare, die ihre Beziehung als fest und stabil bezeichnen und nicht infrage stellen, vermeiden die Fragen aneinander, sie vermeiden die regelmäßige Aussprache. Zunächst werden Konflikte und Enttäuschungen in Beziehungen häufig verleugnet, sodass ein zerbrechliches Gleichgewicht aufrechterhalten werden kann. Längerfristig verdeckte Trennungswünsche oder unbewusste Trennungsängste führen nicht selten zu psychischen oder psychosomatischen Beschwerden eines Partners oder eines Kindes. Kinder sehen und hören gut. Sie wissen in der Regel viel besser Bescheid, als ihre Eltern es für möglich halten. Es ist erstaunlich, wie früh Kinder eine anstehende Trennung der Eltern in ihrem veränderten, manchmal auffälligen Verhalten (zum Beispiel Lernschwierigkeiten) bereits signalisieren, obwohl es den betroffenen Paaren noch nicht wirklich bewusst ist (Voß 1991). Wohl aus einer unbewussten Überzeugung heraus, den Eltern zu helfen, kann ein Kind in einer dauerhaft schwelenden Beziehungskrise der Eltern auffälliges Verhalten entwickeln. Somit lenkt es die Aufmerksamkeit auf sich selbst und weg von der latenten Paarkrise. Die Trennungsambivalenzen eines oder beider Elternteile können so vorübergehend oder längerfristig durch die Symptome eines Kindes überlagert und verdrängt werden. Treten ambivalente Gefühle dauerhaft und belastend in den Vordergrund des Beziehungserlebens, sind sie meistens mit zunehmender Unzufriedenheit und mit Veränderungs- oder auch Trennungswünschen verbunden. Das wiederum kann Angst machen und dazu führen, die ambivalenten Gefühle zu »*übersehen*« und zu verdrängen. Nach dem Motto: »*Lieber nicht sehen, was ich nicht sehen will, lieber zu diesem Teil meiner Gefühle und damit zu mir selbst und zum anderen auf Distanz gehen.*«

▶▶ *Beispiel: Schleichende Distanzierung*

Frau C. hat längere Zeit auf die Realisierung ihres Kinderwunsches warten müssen. Als das ersehnte Kind endlich da ist, zentriert sie sich liebevoll auf das Kind und gibt schließlich eigene Hobbys und den Wiedereintritt ins Berufsleben auf. Ihr Mann findet das anfangs ganz in Ordnung, da er selbst zu der Zeit beruflich stark gefordert ist. So hat jeder ungestörte Zeit für seine »persönlichen Leidenschaften«, Frau C. für ihr Kind und Herr C. für seine Karriere. Das Kind schläft nicht ohne die Mutter an seiner Seite ein, der Mann bleibt immer länger im Büro. Sie werfen sich gegenseitig nichts vor, nehmen aber ihre wachsende Unzufriedenheit wahr. So geraten sie immer mehr in eine Sprachlosigkeit und Langeweile, sobald sie freie Zeit oder Urlaub miteinander verbringen. Sex ist längst nicht mehr so wichtig, und sie finden sich schließlich in einer »verkehrsfreien Zone« (Clement) wieder. Bis Frau C. sich »Hals über Kopf« in einen alleinerziehenden Vater vom Spielplatz verliebt und in kürzester Zeit die Trennung vollzieht.

Werden ambivalente Beziehungsgefühle frühzeitig kommuniziert, besteht die Chance, die Krise zum Aufbruch und zur Erneuerung der Beziehung zu nutzen, wobei das Ergebnis offen ist. In dieser Phase wird häufig von einem oder beiden eine Eheberatung oder Paartherapie initiiert. Sind beide noch wirklich an einer Verbesserung ihrer Beziehung interessiert, können Veränderungsspielräume entdeckt werden, und die Beziehung kann sich restabilisieren. Vorraussetzung dazu sind:

→ wirkliches gegenseitiges Interesse (Liebe?)
→ eigene Veränderungsbereitschaft

→ gemeinsame ehrliche Bilanz der bisherigen Beziehung
→ Aufarbeitung möglicher bestehender Kränkungen
→ gemeinsame Visionen und Ziele für eine weitere gemeinsame Zukunft.

FRAGEBOGEN: BEZIEHUNGSBILANZ

In der trennungsambivalenten Phase, können Sie mit diesen Fragen versuchen, sich über die Qualität Ihrer Beziehung klarer zu werden.

1. Was bindet mich noch an dich?

2. Welche Werte teile ich mit dir, welche nicht?

3. Fühle ich mich von dir so akzeptiert, wie ich bin?

4. Kann ich dich in deiner Art so annehmen, wie du bist?

5. Kann ich dir noch vertrauen und mich auf dich verlassen?

6. Fühle ich mich dir überlegen/unterlegen oder gleichwertig?

7. Kann ich mich in unserer Beziehung sexuell entfalten?

8. Haben wir noch Spaß miteinander?

9. Auf was will ich in meiner Beziehung nicht weiter verzichten?

10. Wann und wodurch habe ich angefangen, an meiner Liebe zu dir zu zweifeln?

11. Wodurch fühle ich mich am meisten verletzt?

12. Was ist für mich im Moment nicht verzeihbar?

13. Was fehlt mir am meisten in unserer Beziehung?

14. Was stört mich am meisten an dir?

15. Was ist mein Anteil an unserer Beziehungskrise?

16. Habe ich das mir Mögliche getan, um unsere Beziehung zu erneuern?

17. Welche Konflikte bleiben trotz meiner/unserer Anstrengungen ungelöst?

18. Was ist an Gemeinsamkeit geblieben?

19. Wie gehen wir mit unserer Unterschiedlichkeit um?

20. Können wir mit Ärger und Kritik des anderen konstruktiv umgehen?

21. Können wir einander verzeihen und uns versöhnen?

22. Können wir einander nahe sein?

23. Können wir Distanz herstellen und positiv erleben?

24. Wird Geben und Nehmen zwischen uns immer wieder ausgeglichen?

25. Haben wir unsere Finanzen gerecht verteilt?

26. Können wir uns bei einer Stressbelastung gegenseitig unterstützen?

27. Haben wir unsere Alltagspflichten gerecht verteilt?

28. Können wir uns als Eltern unserer Kinder wertschätzen und miteinander kooperieren? ▸

29. Hat sich jeder von uns ausreichend von den eigenen Eltern abgegrenzt?

30. Welche Metapher, welches Bild oder welcher Satz fällt mir nach all den Fragen und Antworten für mein aktuelles Beziehungsgefühl ein?

Ist ein Partner innerlich schon getrennt, hat eine Paartherapie zu dem Zeitpunkt nur noch Brücken- oder Alibifunktion. Der trennungsaktive Partner nutzt den geschützten Rahmen der Therapie als Sicherheit, die verstörte oder auch verzweifelte Partnerin in der Therapie gut aufgehoben zu wissen. Manchmal beginnen trennungsorientierte Partner eine Paartherapie zur eigenen Rechtfertigung, »doch *alles versucht zu haben*«. Unter diesen Voraussetzungen ist eine Paartherapie von Anfang an zum Scheitern verurteilt, wird abgebrochen oder wandelt sich bestenfalls in eine Trennungstherapie.

FRAGEBOGEN: GEDANKEN VOR DER TRENNUNG

Sie haben diese Phase bereits schon hinter sich oder stehen gerade mittendrin? Folgende Fragen können Sie nutzen, in Ihrer Unentschiedenheit eindeutiger zu werden oder um sich in Ihrer Trennungsentscheidung bestätigt zu wissen.

1. Was trennt Sie?

2. Was wäre bei einer Trennung das Schlimmste/Beste für Sie/für Ihren Partner?

3. Was würden Sie bei einer Trennung gewinnen? Auf was müssten Sie verzichten?

4. Welche Veränderungen müssten eintreten, dass Sie in Ihrer Beziehung bleiben würden?

5. Angenommen, Ihre Mutter/Ihr Vater würden Ihnen in ihrer jetzigen Lebenssituation einen Rat geben, welcher wäre das am ehesten?

6. Angenommen, Ihre Kinder ›wüssten‹ von Ihrer Trennungsambivalenz, woran könnten sie es bemerkt haben?

7. Wie würden Sie gegebenenfalls Ihre Kinder auf eine Trennung vorbereiten?

8. Angenommen, Sie würden sich trennen, wie würde Ihr Partner/Ihre Partnerin den Kindern/Eltern/Freunden die Trennung erklären? Wie Sie selber?

9. Wer würde Ihre Trennungsentscheidung am besten/am wenigsten verstehen?

10. Welche Unterstützer/welche Widersacher hätten Sie?

11. Angenommen, Sie würden sich darüber Gedanken machen, wer oder was ›Schuld‹ an Ihrer Trennungsentwicklung trägt, wie würde Ihre Verteilung momentan aussehen?

12. Angenommen, einer von Ihnen beiden würde sich auf eine Trennungsentscheidung festlegen, was würde das für die Verteilung von ›Schuld‹ bedeuten?

13. Welchen Einfluss hätte das auf Ihre Entscheidungsfindung?

14. Was hat Ihnen bisher in wichtigen Lebenssituationen geholfen, eine Entscheidung zu treffen?

15. Angenommen, Sie hätten eine außereheliche Liebesbeziehung und diese würde zu Ende gehen, welchen Einfluss hätte das auf Ihre Trennungsentscheidung?

2.2 Kämpfen oder aufgeben – Wann ist es aus?

es war eine gute ehe
sie blieben sich treu
es war eine gute ehe
nicht das geringste geschah
es war eine gute ehe

es war eine gute ehe
die stark war wie stahl
es war eine gute ehe
die still war wie stein
es war eine gute ehe

nicht das geringste geschah
es war eine gute ehe
jetzt ist das gefängnis gesprengt
Kurt Marti

Ist es für einen unwiderruflich vorbei, ist es für beide aus. Die wenigsten Paare sind zum gleichen Zeitpunkt ans Ende ihrer Beziehung angekommen. Diese Ungleichzeitigkeit wird besonders spürbar, wenn ein Partner die Trennung sehr kurzfristig initiiert hat und der andere *»wie aus heiterem Himmel«* zum *»Erleidenden«* der Trennung wird. Es gibt Männer und Frauen, die wortlos von einem auf den anderen Tag ausziehen und den Kontakt gänzlich abbrechen. Das abrupte *»Verschwinden«* ist der Schlussakkord einer geheimen inneren Distanzierung oft infolge einer Anhäufung nicht kommunizierter innerer Kränkungen. Derjenige, der auf diese Art und Weise geht, verschafft sich durch sein Schweigen eine unglaubliche Präsenz in den Gedanken und Gefühlen des Verlassenen. Soliman (2011) beschreibt es mit einer scharf umrissenen Leere auf einem Foto, *»aus dem jemand eine Gestalt mit einem präzisen Scherenschnitt herausgelöst hat, und nun ist die fehlende Gestalt wichtiger, beherrschender als alles andere«.* Es kommt zwar seltener vor, aber Partner, die auf diese wortlos aggressive Weise verlassen werden, brauchen oft lange, um zu einem Abschluss zu kommen, da ein verstehender und akzeptierender Abschied nicht möglich ist.

Während kurze und strittige Beziehungen sehr plötzlich enden können, erstreckt sich die Ambivalenzphase in langjährigen Beziehungen in der Regel über einen längeren Zeitraum.

»Ist die Trennung oder gar Scheidung wirklich die einzige Möglichkeit, die mir noch bleibt? Sollte ich nicht noch mal, und noch mal einen Neuanfang versuchen, um der Kinder und meiner selbst willen? Bedeutet Trennung nicht Aufgeben und Scheitern? Werde ich allein dastehen, weil mich meine Familie und meine Freunde für diesen Schritt verurteilen? Ich weiß nicht, was auf mich zukommt, aber so kann und will ich nicht weiterleben. Ich will die Qual der Leere in meinem Herzen und zwischen uns nicht weiter ertragen. Ich trenne mich von dir ...« (Ausschnitt aus einem Trennungstagebuch)

Was für den einen Partner das Ergebnis einer längeren inneren Auseinandersetzung ist, bedeutet für den anderen *»kämpfen oder aufgeben«*. Erst jetzt beginnt für den ›Nichttrennungsaktiven‹ die eigentliche Auseinandersetzung mit der bevorstehenden Trennung, da er möglicherweise die Anzeichen der Zerrüttung nicht wahrnehmen wollte oder konnte, besonders dann, wenn eine heimliche Außenbeziehung der Auslöser zur Trennung ist. Manche Betroffene beginnen, intensiv und hoch emotional für die Rückkehr des Partners zu kämpfen. Sie begeben sich auf die Suche nach Verbündeten bei Freunden, Eltern und oft auch bei den Kindern. Es scheint so, als ob sie sich rüsten für das, was auf sie zukommt.

Für eine Beziehung zu *»kämpfen«* kann sich lohnen, aber nur, wenn bei dem fortdrängenden Partner noch Beziehungsressourcen vorhanden sind und der *für die Beziehung Kämpfende* sich zwar emotional engagiert, aber fair verhält. Das würde bedeuten, auf Verbündete von außen zu verzichten, die eigene Zuneigung deutlich zu machen und in dem wegstrebenden Partner wieder positive Beziehungsgefühle und Veränderungshoffnungen wecken zu können. Dazu müsste derjenige, der die Beziehung aufrechterhalten möchte, die Trennungswünsche des anderen ernst nehmen, verstehen wollen und sich selbst mit einer möglichen Trennung auseinandersetzen. Wenn es noch eine Chance zur Fortsetzung der Beziehung geben kann, dann nur, wenn beide anerkennen, dass die Partnerschaft in der bisherigen Form gescheitert ist. Das wahrzunehmen, heißt trauern um das, was nicht gelungen ist. Trauer eröffnet den Weg nach vorn. Auch bei einem Neuanfang in der alten Beziehung ist es notwendig, einen inneren, manchmal vorübergehend äußeren Trennungsweg zu mehr Unabhängigkeit zu gehen, um sich neu füreinander zu entscheiden – nicht, weil man einander braucht, sondern um sich gegenseitig zu bereichern, um aneinander und miteinander zu wachsen. Manchmal gelingt es Paaren in dieser Phase, mit oder ohne therapeutische Unterstützung eine Trennung auf Zeit zu vereinbaren, um die eigenen Beziehungsgefühle zu ordnen oder letztendlich Zeit für die Vorbereitung auf eine endgültige Trennung zu haben.

Manche Betroffene in dieser Situation geben nicht nur »*kampflos*« die Beziehung und ihren Partner auf, sondern auch sich selbst. Ihr Selbstwertgefühl ist aufgrund jahrelanger Konfliktspannung und gegenseitiger Abwertung immer geringer geworden. Sie fühlen sich zunehmend lebensuntüchtig und unfähig, eine Entscheidung zu treffen. Sie reagieren mit einer Depression, Sucht oder anderen psychosomatischen Erkrankungen. Das können unbewusste, hilflose Appelle an den verlassenden Partner sein, zu bleiben oder zurückzukommen. Eine Lösung wäre das nicht. Stiemerling meint, dass eine Beziehung endgültig zerrüttet ist und die Aufrechterhaltung moralisch nicht mehr zu rechtfertigen ist, »*wenn die Summe an Leid und Elend die wenigen Befriedungsmomente bei weitem überschreitet*«. (Stiemerling 2006)

Vielleicht pendeln auch Sie gerade hin und her zwischen *kämpfen oder aufgeben:*

→ An welchem Punkt werden Sie akzeptieren, dass Ihre Beziehung gescheitert ist?
→ Was werden Ihre Konsequenzen sein?
→ Werden Sie sich trennen oder weiter hoffen?
→ Werden Sie die Beziehung ertragen, bis Sie nicht mehr können oder krank werden? Ausharren, bis der andere nicht mehr kann und die Trennungsentscheidung übernimmt?

➜ Ein Parallelleben führen?

➜ Aufschieben, bis die Kinder erwachsen sind?

➜ ....

TEIL III

Mitten im Trennungsgeschehen

»Wer einen Fluss überquert,
muss die eine Seite verlassen«
Mahatma Gandhi

3.1 Verlassen und verlassen werden

Trennung ist gut und schrecklich zugleich, Lebenskrise und Entwicklungschance. Trennung hat immer etwas mit offenen Fragen, Kränkung, Enttäuschung, Scheitern, Schuld, Verzweiflung, Abschied, Trauer, Wut, Scham, existenziellen Ängsten, Selbstwertkrise, Ohnmacht, Leid, Endgültigkeit, Verstörung, Überforderung, Sprachlosigkeit, Niederlage, Einsamkeit zu tun – **aber auch** – mit Befreiung, Veränderungsbereitschaft, Mut, Selbstfürsorge, Liebessehnsucht, Hoffnung, Risikobereitschaft, Herausforderung, Selbstachtung, Entwicklungsmöglichkeit, Lebenswillen, Erlösung, Neuanfang, mit der Chance, ungeahnte Kräfte zu mobilisieren, wahre und neue Freunde zu haben und letztendlich mit der Erfahrung, dass die Zeit so manche Wunde heilt, dass die Trennung eine Chance war.

Um dahin zu gelangen, ist ein Weg zu durchschreiten, ist noch viel durchzustehen.

»Das Abbrechen einer Beziehung, ohne dass der Partner stirbt, kann ähnliche Verzweiflung auslösen, kann ähnlich unser Selbsterleben erschüttern wie der reale Tod«, meint Verena Kast (1982). Deswegen spricht man bei Trennung und Scheidung auch von einem kritischen Lebensereignis. Der Paartherapeut Willi sagt: *»Eine Scheidung ist nicht Auslöschung einer Beziehung. Sie ähnelt viel eher dem Tod einer Beziehung. Äußerlich ist offiziell die Beziehung nicht mehr existent, innerlich aber lebt sie häufig noch intensiv weiter.«* (Willi 1982) Gerade am Anfang rührt jede Begegnung widersprüchliche Gefühle auf. Besonders für denjenigen, der von der Trennungsentscheidung des anderen überrascht (*»genötigt«*) wurde und die Trennung nicht gewollt hat, beginnt eine krisenhafte Zeit zwischen Aufruhr und Verzweiflung, zwischen hoffen und aufgeben.

Beide, derjenige, der verlässt, und derjenige, der verlassen wird, fragen sich: »*Wo stehe ich eigentlich in meinem Leben und wie bin ich dahin gekommen? Wer werde ich sein, wenn ich keine Ehefrau/kein Ehemann mehr bin? Wie konnte das passieren?*« Fragen nach dem »*Warum?*« und »*Wie geht es weiter?*« sind begleitet von wechselnden Emotionen. In der Trennungsphase ist das emotionale Geschehen am heftigsten. Das Verlusterlebnis muss durch Trauer bewältigt werden. Das gilt für die Erwachsenen und für ihre Kinder wie auch im gewissen Maße für die Eltern und nahen Freunde des getrennten Paares. Trennung bedeutet nicht nur den Verlust des Partners, sondern auch die Aufgabe positiver Gemeinsamkeiten und Ideale für das Leben zu zweit oder als Familie. Es gibt natürlich Trennungsbetroffene (auch Kinder), die sich zum Trennungszeitpunkt zutiefst erleichtert fühlen, besonders dann, wenn es dauerhaft Gewalt, Sucht, eskalierenden Streit oder permanente Abwertungen gab.

Die psychische Situation der getrennten Partner ist individuell und paarspezifisch sehr unterschiedlich. Die zu erbringende psychische Leistung für beide besteht in der emotionalen Loslösung, in der Verarbeitung des Scheiterns und in der Gestaltung der neuen Lebensphase. Beide müssen mit finanziellen und lebenspraktischen Veränderungen und Einschränkungen leben lernen sowie mit Verlusten von lieb gewonnenen Gewohnheiten und Kontakten. Beide brauchen Visionen für eine neue, lebenswerte Zukunft.

Was bedeutet Trennung für Sie persönlich? Sicherlich hat Trennung für jeden eine andere Bedeutung und einen anderen Verlauf. So macht es einen Unterschied, ob Sie die Beziehung aktiv beendet haben oder verlassen worden sind. Trotz der Unterschiede gibt es auch in der Trennungsphase für Sie beide gemeinsame psychische Bewältigungsaufgaben, egal, ob Sie verlassen haben oder verlassen worden sind. Sie werden jedoch zeitlich versetzt mit diesen Anforderungen in Berührung kommen.

- Abschied voneinander und der gemeinsamen Zukunft
- Abschied vom gemeinsamen Familienleben mit den Kindern
- Abschied von gemeinsamen Freunden, gemeinsamen Verwandtschafts-kontakten, Lieblingsorten, Urlaub ...
- Verunsicherung durch vielfältige neue praktische Herausforderungen, die bisher der Partner übernommen hat
- Umgang mit Alleinsein und Einsamkeit
- Umgang mit existenziellen Zukunftsängsten
- Unterscheidung der Gefühle und Handlungen auf der Paar- und Eltern-ebene
- Distanzierung als Paar und Zusammenarbeit als Eltern
- Sorge um die Kinder und darum, ihren Bedürfnissen und Schwierigkeiten gewachsen zu sein
- Erschöpfung, depressive Einbrüche, psychosomatische Symptome wie Schlafstörungen, Verspannungen, Kopfschmerzen, Essstörungen ...
- Verlust der positiven Gefühle und Verunsicherung in der eigenen Wahr-nehmung. Hat er/sie mich je geliebt? Habe ich sie/ihn je geliebt oder war alles nur eine Täuschung?
- Trauer um ungenutzte Chancen und um das Ende der Beziehung
- Auseinandersetzung mit Schuld und Schuldgefühlen
- Befreiung, da die Phase der Ambivalenz, der Ungewissheit, des Drucks vorbei ist
- Verstehen und anerkennen des eigenen und gemeinsamen Scheiterns
- Loslösung voneinander und Eltern bleiben
- Entwicklung von Zuversicht und Hoffnung
- Vertraute, aber auch neue Kräfte (Ressourcen) aktivieren
- Zukunftsperspektiven entwickeln

Diejenigen, die sich aktiv trennen, haben eine andere psychische Ausgangssituation und in gewisser Hinsicht einen Vorsprung im Abschiedsprozess. Andererseits haben auch sie eine Menge Belastungen zu tragen. Wenn auch frei gewählt oder aus einer großen Not heraus, müssen auch sie Verluste betrauern und ihr Leben neu organisieren.

▶ **ÜBUNG:**

Sich zu trennen, ist immer auch mit Sorgen und Befürchtungen verbunden, wie alles weitergehen wird. Auch Sie werden sich immer wieder mit den schwierigen Folgen Ihrer Trennung befassen. Es hilft, die Befürchtungen genau zu formulieren und zu klassifizieren:

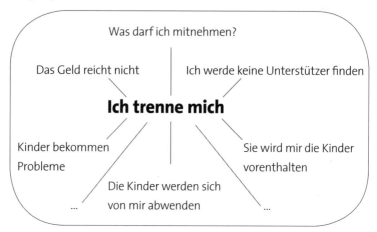

Anleitung

1. Schritt

Nehmen Sie ein großes Stück Papier und schreiben Sie in die Mitte einen Satz, der Ihre Entscheidung oder Befürchtung beinhaltet (z. B. *Ich trenne mich* oder *Ich suche mir eine Wohnung* oder *Was befürchte ich für die Kinder* oder *Ich will oder muss einen Job annehmen*).

2. Schritt

Um das Wort herum schreiben Sie ungefiltert *alle Befürchtungen, die Ihnen einfallen*. Was könnte Negatives passieren: mit Ihren Kindern, mit Ihrem Partner, finanzielle Situation, Gesundheit, Wohnen, Zufriedenheit, Lebensstandard ...

3. Schritt

Markieren Sie:

A die völlig unwahrscheinlichen Folgen (am besten *schwarz durchstreichen*)

B die mit großer Wahrscheinlichkeit *nicht* eintreffenden Folgen *(blaue Fragezeichen)*

C die möglicherweise eintreffenden Folgen *(Ausrufezeichen in Rot)*

D die sicher eintreffenden Folgen *(unterstreichen in Rot)*

4. Schritt

Konzentrieren Sie sich zuerst auf die mit Rot unterstrichenen, *sicher zu erwartenden Folgen*. Erstellen Sie dazu eine *neue Mind-Map*, indem Sie die Folgen in die Mitte eintragen:

• Unter welchen Bedingungen ist mit diesen Folgen zu rechnen?

• Welche Sachverhalte müssen Sie noch klären?

• Wen könnten Sie fragen und was sollten Sie tun, um die Folgen abzuwenden, abzufedern oder sogar konstruktiv zu nutzen?

So können Sie sich nach und nach mit den weiteren ›möglicherweise‹ – ›mit großer Wahrscheinlichkeit‹ – ›unwahrscheinlichen‹ Folgen befassen und unterscheiden, um was Sie sich zuerst und zuletzt kümmern müssen. Es hilft, den Überblick zu bewahren und nicht in eine Problemtrance zu geraten.

VERLASSEN

> *»Ein Abschied schmerzt immer,*
> *auch wenn man sich schon lange darauf freut.«*
> Arthur Schnitzler

Diejenigen, die die Trennung initiieren und realisieren (›Verlassende‹), brauchen psychische Kraft und Entschiedenheit. Besonders Frauen, die sich aus einer gewalttätigen oder coabhängigen Beziehung lösen, haben in der Regel viel Leid hinter sich und einen schweren Weg der Selbstrealisierung vor sich. Auch unter günstigeren Lebensvoraussetzungen haben diejenigen, die gehen, eine längere Zeit der tiefen Unzufriedenheit und schon einen Teil des Abschieds hinter sich. Nicht wenige vermeiden und verdrängen den notwendigen Abschiedsprozess mithilfe einer neuen Liebesbeziehung.

Sie befinden sich in der Regel in einer besseren psychischen Verfassung als die ›Verlassenen‹, da sie sich auf die Trennung vorbereiten konnten (neue Zukunftsideen, juristische Informationen, konkrete Auszugspläne...) und sich schon weitgehend aus der Beziehung verabschiedet haben: ▶

---

*»Endlich bin ich durch, endlich kann ich weitergehen.« »Ich fühle mich
wie befreit.«* Die Trennungsaktiven leiden weniger unter Einbußen des
Selbstwertgefühls und sind nicht so sehr in Gefahr, sich selbst abzuwerten, es sei denn, sie haben eine langjährige unterdrückende oder gewalt-
tätige Beziehung hinter sich. Oft ist der Aufbruch mit einem Zuwachs an
Selbstvertrauen verbunden (Petri 2005). Das innere Erleben ist anfangs
von Gefühlen der Befreiung und Entlastung gekennzeichnet. Der ersehnte
endgültige Schritt aus einer unbefriedigenden oder leidvollen Beziehung
ist geschafft, die Tür zu einem *»besseren Leben«* (mit oder ohne neu-
en Partner) steht offen. Es ist wie *»ein neues Kapitel aufschlagen«.* Das
Gefühl des Neubeginns und der Freiheit mit einer eigenen Wohnung und
unabhängigen Entscheidungen erinnert an die Zeit der Loslösung und
Unabhängigkeit von den Eltern. Je nachdem, wie die Ablösung damals
von der Herkunftsfamilie gelungen ist, wird in dieser Phase oftmals etwas
nachgeholt. Nicht wenige frisch Getrennte fühlen und verhalten sich wie
Adoleszenten. Manchmal haben sie auch die Idee, wie selbstverständlich
oder aus der Not heraus, ins Elternhaus zurückzukehren, um die eigene
Versorgung, manchmal auch die der Kinder, zu sichern. Unabhängig davon, wie lange und ausgeprägt das befreiende Gefühl anhält, entwickeln
sich in trennungsaktiven Partnern auch andere Gedanken und Gefühle,
mit denen sie sich befassen müssen oder die sie so weit wie möglich
verdrängen. Selbst diejenigen, die entlastet sind, endlich zur eigenen Trennungsentscheidung gefunden zu haben, sind irritiert, wenn Trauer um die
verloren gegangene Beziehung auftaucht und sie sich einsamer fühlen,
als sie erwartet haben. Erst jetzt wird die Dimension des wirklichen
Abschieds spürbar. So kann es sein, dass sich trotz eines ausreichenden
Entscheidungsprozesses nochmals Zweifel an der Trennungsentscheidung
bemerkbar machen. Gerade in langjährigen Beziehungen (wenn es nicht
schon wieder eine neue Liebe gibt) kann die Trennungsmitteilung nochmals den Kreislauf von Versöhnung und Auseinandersetzung auslösen,
besonders dann, wenn die Kinder deutlich unter der Trennung leiden und
alle ›Hebel‹ in Bewegung setzen (Symptombildungen), um den verlassenden Elternteil zurückzuholen. Während trauernde und durch die Trennung
belastete Kinder im trennungsaktiven Partner Schuldgefühle und nochmals Trennungsambivalenzen auslösen können, bestätigen emotionale
Zusammenbrüche oder Suizidandrohungen des verlassenen Partners eher
die Trennungsentscheidung des Verlassenden, zumindest langfristig. ▶

Auch außenstehende Personen wie Eltern, Freunde, Arbeitskollegen, Lehrer oder Erzieherinnen der Kinder können die Trennungsentscheidung eines Partners moralisch erheblich ins Wanken bringen oder auch unterstützen. Oft zeigen sich im sozialen Nahraum Polarisierungen. Die einen stehen auf der Seite: »Nur die Trennung ist richtig ...«, die anderen verurteilen die Trennung: »Wie kann sie/er nur ...« Bleibt es nach all den Konfrontationen mit dem eigenen Gewissen und den auftauchenden Gefühlen sowie dem Erleben des Partners, der Kinder und der Eltern bei der eigenen Trennungsentscheidung, ist eine weitere Hürde im Prozess des Trennungsgeschehens geschafft.

▶▶ Beispiel: Trotz allem – er bleibt der Vater meines Kindes

Frau L. und Herr T. leben seit zehn Jahren zusammen. Sie führen ihre Beziehung im gegenseitigen Respekt. Jeder kann sich die Freiheit nehmen, die er braucht. Beide wollen auf Kinder verzichten, da sie sich nicht vorstellen können, die Verantwortung für ein Kind zu übernehmen. Herr T. entwickelt sich beruflich rasch weiter und wird ein gefragter Computerexperte. Frau L. beginnt ein Zweitstudium. Die Wege und Interessen gehen zeitweise auseinander, besonders, nachdem Herr T. immer mehr private Zeit auf Computerfortbildungen verbringt und Frau L. sich intensiv ihrem Psychologiestudium widmet. Gegen Ende des Studiums und der biologischen Uhr entsteht in ihr ein intensiver Wunsch nach einem Kind – unbewusst wohl auch, um die entstandene Lücke zwischen beiden zu schließen. In der Schwangerschaft wird ihr schmerzhaft deutlich, wie wenig Interesse ihr Partner für ihre Person und wie viel für den Computer hat. Sie wird wütend und eifersüchtig auf den Computer, der ihren Partner so fasziniert. Was ist es nur? Sie »entlockt« ihm sein Passwort und beginnt »zu schnüffeln«. Sie entdeckt eine Reihe heimlicher Affären und ist fassungslos. Sie dachte, dass die Schwangerschaft automatisch Treue bedeutet, und ist tief verletzt. Sie konfrontiert ihn, er wiegelt ab und pocht auf seinen »persönlichen Freiraum«. Sie trennt sich noch während der Schwangerschaft. Eltern und Freunde sind entsetzt. Eine nahe Freundin begleitet sie während der Geburt ihrer Tochter.

Steht Ihr Trennungsentschluss fest, werden Sie gedanklich oder auch praktisch erste Vorbereitungen getroffen haben, und es ist an der Zeit, Ihren endgültigen Entschluss mitzuteilen. Ist die Zeitspanne zwischen Ihrem inneren Entschluss und der Aussprache sehr lang, werden sich die Spannungen zwischen Ihnen erhöhen, und Sie werden immer mehr Ausreden brauchen, um Ihre innere und vielleicht auch äußere Distanzierung zu rechtfertigen. Längerfristiges Hinhalten wird Ihren Partner zusätzlich verletzen. Er wird es Ihnen später als ein »Leben in der Lüge« vorhalten. Ihr Partner und auch Ihre Kinder werden wahrnehmen, dass Sie sich entziehen und dass »etwas nicht stimmt«. Trennungsgefühle und -gedanken auf Ihrer und Verlustängste und Hoffnung auf der anderen Seite füllen Ihren Beziehungsraum. Vielleicht beginnt nun auch Ihr Partner, eigene Trennungsimpulse zu entwickeln oder aber auch ängstlich abzuwehren. Gibt es einen richtigen Zeitpunkt für die Trennungsmitteilung? Ein Grund zu warten, könnte sein, dass sich Ihr Partner körperlich und seelisch in einer Ausnahmesituation befindet, zum Beispiel durch eine aktuelle Diagnose einer schweren Erkrankung, bevorstehende Geburt oder Tod eines nahen Menschen. Ihr Partner wird es rückblickend anders sehen. Aus seiner Perspektive sind alle Ihre verschobenen Trennungshandlungen berechnend und gegen ihn gerichtet. Sind Sie sich absolut sicher, warten Sie nicht zu lange mit der Trennungsmitteilung und geben Sie Ihrem Partner die eindeutige Botschaft: »Es ist aus, du kannst nichts mehr tun, um mich zurückzuholen.« Eine Trennung ist und bleibt schmerzhaft, in hohem Maße für denjenigen, der noch liebt oder aus anderen Gründen die Beziehung nicht oder noch nicht aufgeben will. Angebote, freundschaftlich verbunden zu bleiben, sind kurz nach der Trennung unrealistisch, da Freundschaft Vertrauen voraussetzt, welches zunächst oder für immer zerstört ist. Übernehmen Sie Verantwortung für Ihre Trennungsentscheidung und sprechen Sie es aus. Sprechen Sie auch mit Ihren Kindern und erklären Sie Ihren Kindern in altersgemäßer Sprache Ihre Trennung. Seien Sie Ihrem von nun an getrennten Partner gegenüber klar und nur unterstützend, wenn Sie Ihre Abgrenzung wahren können, sodass er sich nicht unnötig Hoffnungen macht. Wörter wie »vielleicht«, »weiß nicht genau«, »jetzt nicht, später«, »heute nicht, vielleicht morgen« ... könnte ihr Partner als Strohhalm nehmen, dass die Trennung nicht wirklich endgültig ist. Will Ihr Partner immer wieder reden auf der Suche nach Erklärungen, geben ▶

Wenn einer geht,

bleibt einer da.

Und wer bestimmt,

von welchem nun

das Herz zerrissener ist?

Bettina Wegener

Verlassen werden

*»Ich bin verzweifelt wie noch nie, wütend wie ein Tier, fühle mich zugleich
schuldig und von Gott und der Welt verlassen ...«*

Wir sind fassungslos, »geraten aus der Fassung«. Die Rede von Trennung bleibt unwirklich, erst, wenn der andere definitiv sagt, dass es
aus ist und Handlungen der Trennung vollzieht, wird es wirklich wahr.
Eine klare, eindeutige Trennungsmitteilung Ihres Partners ist für Sie
wahrscheinlich sehr schmerzhaft, hilft Ihnen jedoch, sich mit der
Trennungsrealität auseinanderzusetzen, besonders dann, wenn Sie
sich vorher schon mit dem möglichen Ende Ihrer Beziehung befasst
haben. Wenngleich Sie am Anfang damit rechnen müssen, dass es Ihnen schwerfallen wird, die neue Realität zu akzeptieren. Auch wenn Ihr
Kopf weiß, dass es endgültig aus ist, werden Sie gefühlsmäßig in der
ersten Zeit zwischen hoffen und aufgeben hin und her pendeln. Bemer-
kungen von Freunden, endlich die Hoffnung aufzugeben, werden Sie
abwehren, und doch bleiben die Sätze in Ihrem Gedächtnis hängen, da
ein Teil von Ihnen bereits weiß, dass es aus ist. Der Verstand allein kann
die Hoffnung nicht besiegen, denn die Gefühle sind oft stärker. Und
dennoch ist der Einsatz des Verstandes wichtig, um die Gefühle stets
an der Realität zu überprüfen. *»Stimmt das, was ich fühle, eigentlich noch*

mit der Realität überein?« Sie, als der oder die Verlassene, befinden sich psychisch in einer weitaus ungünstigeren Position als Ihr Partner. *»Für mich ist eine Welt zusammengebrochen.« »Es ist, als wenn die Uhr plötzlich stehen geblieben ist.« ... »Das kann doch wohl nicht wahr sein, sie haut einfach ab, hat vielleicht schon einen Neuen, ihr geht es wahrscheinlich super, und ich heule mir die Augen aus und mich beschäftigt nur eine Frage: Was habe ich nur falsch gemacht? Ich glaub', es zerreißt mich noch!«*

Auch wenn die Trennung lange *»vor der Tür stand«*, kann das Ende einer langjährigen Beziehung nur schrittweise innerlich realisiert werden, besonders dann, wenn die Trennung ohne Vorbereitungszeit mitgeteilt und vollzogen wird. Somit kann es bei demjenigen, der sich der Situation völlig ausgeliefert fühlt, zu einer psychischen Krise kommen. Je fragiler das Selbsterleben ist, umso heftiger werden Gefühle wie Ohnmacht, Panik, Wut und Rachegefühle erlebt.

▶▶ Beispiel: Es zerbricht mir das Herz ...

Frau F. hat sich stets für ihren Mann und ihre Familie eingesetzt und trotz aller Belastung ihren eigenen Beruf nicht aufgegeben. Sie freut sich auf die Silberhochzeit im kommenden Jahr und erzählt ihrem Mann immer wieder von ihren Plänen. Dieser wirkt abwesend und erklärt es mit viel beruflichem Stress, der ihn immer länger an den Arbeitsplatz bindet. Durch Zufall entdeckt Frau F. eine E-Mail auf dem Laptop ihres Mannes, die eindeutiger nicht sein kann. Für sie bricht eine Welt zusammen, eine Welt von unbedingtem Vertrauen und Glauben an eine gute Beziehung. Sie konfrontiert ihren Mann mit ihrer Entdeckung. Herr F. bezichtigt sie des Vertrauensbruchs, da sie ihm hinterherschnüffle, und außerdem habe er schon seit einiger Zeit eine Wohnung angemietet und werde so schnell wie möglich ausziehen. Er geht ohne Worte, regelt alles Notwendige schriftlich und reicht nach einem Jahr die Scheidung ein. Ein halbes Jahr später ist er wieder verheiratet. Frau F. versinkt in eine Depression und braucht therapeutische Hilfe.

▶▶ Beispiel: Sie war die Liebe meines Lebens, jetzt ist sie mein Ruin ...

Herr Z. lebt seinen Lebenstraum mit seiner Frau, zwei Kindern und einem selbst gebauten Haus im Grünen. Er liebt seine Frau, auch wenn sie hin

und wieder über finanzielle Einschränkungen klagt. Da sie sich keinen Ur-
laub leisten können, nutzt sie eine Mutter-Kind-Kur, »um mal rauszukom-
men«. Dort verliebt sie sich in einen verwitweten Vater. Nach ihrer Rück-
kehr teilt sie ihrem Mann mit, dass sie sich trennen will und mit den
Kindern zu diesem Mann in eine andere Stadt ziehen wird. »Ich habe nicht
nur meine Frau, meine Zukunft und meine Träume verloren, sondern auch
meine Kinder und viel Geld. Und dann ist sie auch noch richtig weit weg-
gezogen, sodass ich die Kinder nur noch in den Ferien sehen kann. Sie tut
alles, um mir die Kinder zu entziehen. Die Kinder sind doch alles, was ich
noch habe.« Es beginnt ein gerichtlicher Kampf um die Kinder, bis Herr Z.
lernt, seinen Schmerz, seine Wut und Ohnmacht anders zu verarbeiten als
über den Kampf um die Kinder. Auch Frau Z. wird kompromissbereiter, und
mithilfe einer Therapeutin erarbeiten die Eltern verlässliche Umgangsre-
gelungen für die Kinder.

Der Schock der Trennungsnachricht kann auch mit Gefühlen von
Betäubung und Lähmung einhergehen. Dann wirken die Betroffenen wie unbeteiligt und sehr kontrolliert, da sie im Alltag weiter
funktionieren, einen Anwalt aufsuchen und viel organisieren. Es
scheint so, als hätten sie die Trennung sehr schnell akzeptiert. Doch
es ist ein erster psychischer Mechanismus, sich vor noch unerträgli-
chen Gefühlen zu schützen. Wir brauchen diesen Schutz, um Zeit zu
gewinnen, uns auf plötzlich eingetretene Verluste einzustellen.

Verena Kast beschreibt vier Phasen der Trauer, die auf Trennungsprozesse ebenfalls zutreffen können (Kast 1982):

Phase des Nichtwahrhabenwollens
Die Trennungsrealität kann noch nicht wahrgenommen werden.
Körper und Seele schützen sich vor einer Überflutung des Schmerzes
und stellen sich taub.

Phase der aufbrechenden Emotionen
Die Trennungsrealität »schlägt in aller Härte« zu und wird mit starken und widersprüchlichen Gefühlen wie Trauer, Zorn, Angst, Ver-

zweiflung, Liebessehnsucht, Hilflosigkeit, Ohnmacht und Verlorenheit beantwortet.

Phase des Suchens und Sichtrennens

Die Trennung wird als gegeben akzeptiert, und die Verluste werden als schmerzvoll, aber verkraftbar hingenommen. Eigene Ressourcen und Veränderungsimpulse öffnen den Blick nach vorn.

Phase des neuen Selbst- und Weltbezuges (Reorganisation)

Die Trennung wird als Teil des Lebensflusses integriert, und ein neuer Lebensabschnitt beginnt.

Die folgende Skizze nach Wolf beschreibt die vorwiegenden Emotionen und Zustände in den einzelnen Trennungsphasen (Wolf 1985):

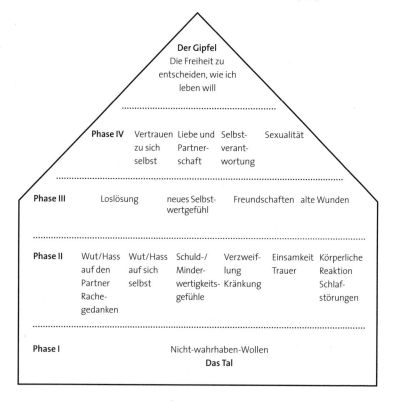

VIER PHASEN DER TRENNUNGSERFAHRUNG

Der Gipfel
Die Freiheit zu entscheiden, wie ich leben will

Phase IV	Vertrauen zu sich selbst	Liebe und Partnerschaft	Selbstverantwortung	Sexualität	

Phase III	Loslösung	neues Selbstwertgefühl	Freundschaften	alte Wunden

Phase II	Wut/Hass auf den Partner Rachegedanken	Wut/Hass auf sich selbst	Schuld-/ Minderwertigkeitsgefühle	Verzweiflung Kränkung	Einsamkeit Trauer	Körperliche Reaktion Schlafstörungen

Phase I	Nicht-wahrhaben-Wollen

Das Tal

3.2 Das Unabänderliche und die Hoffnung –
Was für dich aus ist, ist für mich noch lange
nicht aus

Was für den einen aus ist, ist für den anderen noch lange nicht vorbei. Der Verlassene will und kann es noch nicht fassen, er muss die Realität noch verleugnen. Der psychische Mechanismus der Verleugnung ist eine gesunde psychische Reaktion auf eine Krise, die zu überwältigend und zu plötzlich eintritt. Sie hilft, Bedrohliches fernzuhalten, weil es noch nicht möglich ist, sich damit auseinanderzusetzen. Nach dem Motto *»Was nicht sein darf, ist nicht«* nehmen Betroffene nur dasjenige wahr, was die Angst erträglich macht. Kommt die Trennung zu unvorbereitet und unerwartet, braucht man Zeit, um sich auf die notwendigen Abschieds- und Anpassungsprozesse einzustellen. Bei manchen Betroffenen beginnen kurzfristig eine aufflammende Idealisierung der Beziehung oder der Partnerin sowie ein Suchen nach Zeichen einer Wieder-Annäherung und irrealen Hoffnung am Fortbestehen der Beziehung. *»Sie wäre am Telefon nicht so freundlich zu mir gewesen, wenn sie mich nicht mehr lieben würde«* ... *»Ich habe immer eine Flasche von seinem Lieblingswein da, wenn er spontan vorbeikommen sollte«* ... *»Unser Bett werde ich auf jeden Fall behalten, man weiß ja nie«* ...

Trennungsbetroffene in dieser Phase versuchen immer wieder, die positiv erlebten Seiten der Beziehung in den Vordergrund zu stellen, beschäftigen sich unentwegt mit dem Gedanken, alles anders machen zu wollen und zu können, wenn sie nur eine Chance hätten. Sie sind weit weg davon, realistische Defizite in der Beziehung zu erkennen. Sie bemühen sich, besonders attraktiv für den Partner zu erscheinen, buhlen um seine Zuwendung oder gestehen eigene Fehler ein und versprechen Besserung, wenn der Partner/die Partnerin nur zurückkommen würde: *»Du darfst mich nicht verlassen«* ... *»Gib mir noch eine Chance«* ... *»Ich habe dir meine Liebe nicht genug gezeigt«* ... *»Es wird alles wieder wie früher, ich verspreche es dir«* ... *»Wenn ich mich nur richtig für dich anstrenge, dann«* ...

Sie sind wütend und tief verletzt, voller Angst vor dem Verlassensein. Sie tun nach außen so, als wäre nichts passiert, oder erklären alles mit Erschöpfung oder Überarbeitung. Die Frage »*Warum nur?*« kreist ständig in ihren Köpfen. Sie fragen immer wieder ihren getrennten Partner, warum er gegangen ist. Meist ohne Erfolg, denn sie wollen zwar Erklärungen, können diese aber nicht wirklich aufnehmen. Mit der noch notwendigen Abwehr der Realität sind jedoch die Gefühle nicht verschwunden, sondern nur im Verborgenen geblieben. Kleinste Herausforderungen können sie ans Tageslicht bringen. Der Moment der stärksten Krise ist der Moment des Zusammenbruchs der Verleugnung, wenn alle Hoffnungen vergeblich sind. Die Betroffenen können sich nichts mehr vormachen, alle Illusionen sind vorbei. Sie schauen »*der Wahrheit ins Gesicht*«. Erst jetzt öffnet sich das Tor zum Abschied und zu einer Weiterentwicklung im Trennungsprozess. Ähnlich wie beim Tod eines geliebten Menschen erleben Trennungsbetroffene nun eine Phase der inneren Auflehnung und des Protestes, eine Zeit der »*aufbrechenden Gefühle*« (Kast 1982). Eine weitere Phase im Abschiedsprozess kündigt sich an.

EMPFEHLUNGEN

- Nehmen Sie sich die Zeit, die Sie brauchen, um die Hoffnung endgültig loszulassen. Beginnen Sie ein »Trennungstagebuch« zu führen. Regelmäßiges Schreiben hat eine gute Wirkung auf Ihre Selbstwahrnehmung und trägt zu Ihrer emotionalen Entlastung bei. Welche Gedanken, Fragen und Gefühle beschäftigen Sie? Notieren Sie alles, was Sie bewegt. Ihre Gefühlswelt zeigt sich in dieser Phase in ungeschminkter Weise und braucht einen geschützten Ort. Es hilft Ihnen, sich wie einer guten Freundin mitzuteilen und ein wenig Abstand zu bekommen. Im Verlauf und in der Rückblende werden Sie merken, wie Sie Fortschritte in Ihrer Ablösung machen. Sobald Sie es probieren wollen, auch wenn ein Teil von Ihnen es noch nicht glauben kann, beenden Sie jeden Eintrag mit: **»Es ist vorbei.«**
- Eine Alternative zum Schreiben ist das Malen. Wann immer Sie den Wunsch verspüren oder von Ihren Gefühlen überwältigt werden, greifen Sie zu Papier und Farben und beginnen zu malen. So geben Sie ▶

Ihren Emotionen Ausdruck und beginnen zu verarbeiten. Vielleicht finden Sie das etwas komisch und ungewöhnlich, aber Sie befinden sich ja auch in einer ungewöhnlichen Situation. Sie können üben, Neues und Ungewohntes auszuprobieren.

- Sollten Ihnen immer nur die positiven Erfahrungen Ihrer vergangenen Beziehung einfallen, schreiben Sie auch die negativen auf; das, was Ihnen schon länger gefehlt hat, das, was Sie immer wieder geärgert oder gekränkt hat, das, was Sie von sich selbst für die Beziehung aufgegeben haben...
- Sie können Ihren Partner nicht mehr zurückholen. Damit müssen Sie nicht seine Entscheidung, sich zu trennen, gutheißen.
- Anerkennen Sie, dass es vorbei ist. Das ist Ihr schwerster, aber erster Schritt in Ihr neues Leben.
- Holen Sie sich Unterstützung bei Freunden und anderen Begleitern, indem Sie etwas unternehmen und Zeit zum Sprechen haben. Vermeiden Sie, zu viel allein zu sein und im ›stillen Kämmerlein‹ zu grübeln.
- Für die Loslösung von Ihrem Partner/Ihrer Partnerin ist es schmerzlich, aber letztendlich notwendig, wenn Ihr Partner Ihnen nichts mehr vormacht. Machen Sie ihm auch nichts mehr vor.
- Teilen Sie Ihren Eltern, Freunden und Arbeitskollegen mit, dass Sie getrennt sind.
- Erinnern Sie sich an frühere Trennungen oder Krisen in Ihrem Leben und daran, was Ihnen geholfen hat, sie durchzustehen.

▶▶ Beispiel: Sich trennen und trotzdem hoffen...

Herr P. hat vor drei Jahren aufgrund von Arbeitslosigkeit die Rolle des Hausmannes übernommen. Er betreut die elf- und neunjährigen Kinder, während seine Frau ganztägig als Sekretärin arbeitet. Seine Frau ist seit einem halben Jahr auf sein Drängen wegen einer Außenbeziehung ausgezogen. Obwohl er die Trennung aktiv initiiert hat, geht es ihm stimmungsmäßig zunehmend schlechter, und sein Hausarzt empfiehlt eine Eheberatung (möglicherweise in der Hoffnung, die depressive Entwicklung durch eine ›Rettung‹ der Ehe zu kurieren). Es wird deutlich, dass Herr P. sich Vorwürfe macht, seine Frau zu früh ›rausgeschmissen‹ zu haben, und dass sie sich ja möglicherweise doch noch für ihn entschieden hätte. Frau P. ist für

*eine Klärung der Beziehung nicht mehr zu gewinnen, da sie sich sehr ein-
deutig für das Alleinleben (ohne Ehemann und ohne Geliebten) entschieden hat und aufgrund der Arbeitssituation die Hauptbetreuung der Kinder beim Vater belassen möchte. Erst als Herr P. alle Hoffnung auf eine
Rückkehr seiner Frau aufgegeben und seine Kränkung bearbeitet hat,
kann er sich mit seinem Anteil an der Trennungsentwicklung auseinandersetzen. Er beginnt, seine ausgesprochene Passivität und Unzufriedenheit
in der Ehe als seinen Teil zu sehen, und ist überrascht, wie er mit dem
›Rauswurf‹ zum ersten Mal wirklich klar und eindeutig war. Er beginnt zunehmend, sein Leben und die Suche nach einer angemessenen Berufstätigkeit in die Hand zu nehmen. Die elterliche Zusammenarbeit entwickelt
sich nach einer kurzfristigen Konfliktphase als distanziert, aber konstruktiv und verlässlich.*

3.3 Achterbahnfahrt der Gefühle
– Vom Überschwemmtwerden bis nichts mehr fühlen

»*Ich kenne meine Frau nicht mehr, es ist, als wäre sie eine andere Person,
kühl und berechnend*« oder »*Es ist alles so wie vorher, nur noch schlimmer.*« Beide Reaktionen beschreiben kontrastierend, wie die Paardy-
namik verändert oder noch heftiger in der ersten Zeit der Trennung
weitergeht. Der Übergang zur Trennung verläuft bei den meisten
Paaren entweder sehr kontrolliert, distanziert bis verweigernd oder
hoch emotional. In beiden Reaktionsmustern wird die Verunsicherung mit der neuen Beziehungs- und Lebenssituation deutlich. In der
ersten Zeit sind die Begegnungen der getrennten Partner sehr span-
nungsgeladen und je nach emotionaler Betroffenheit und subjektiver
Bedeutung schwer auszuhalten. Derjenige, der die Trennungssituation noch nicht wirklich wahrhaben will, sucht häufig jede Möglichkeit
des Kontaktes und Zeichen von Nähe, während der Trennungsaktive versucht, so wenig wie möglich zu kommunizieren. Emotionale
Auseinandersetzungen, gegenseitige Schuldzuweisungen bis hin zu

Bedrohungen finden ihren Höhepunkt, und die Eskalationsgefahr ist gerade am Anfang besonders hoch. Es scheint, als ob die Stärke der Auseinandersetzung dem Prozess der gegenseitigen »*Abstoßung und der Loslösung*« dient. In dieser Phase sind Dritte (Freunde, Beraterinnen/Therapeuten) hilfreich, die heftige Emotionalität des Einzelnen auszuhalten, aber auch für Begrenzung zu sorgen und den Abstand des Paares zu fördern.

Auch Kinder und Jugendliche kommen vorübergehend und ungünstigerweise längerfristig in die Rolle, für Beruhigung zu sorgen. Kinder geben vorübergehend Lebenssinn. Sie werden oft als Verstärkung und Machtpotenzial benutzt, aber auch als zusätzliche Belastung und Hemmnis erlebt. Denn eigentlich will man mit dem Partner nichts mehr zu tun haben, muss es aber der Kinder wegen.

»*Das Schlimmste ist der Schmerz, schlimmer als jeder körperliche Schmerz, den man mit einer Tablette betäuben kann, wenn man es nicht mehr aushält.*« ... »*Ich kann nicht aufhören, zu weinen. Es erwischt mich in den unmöglichsten Situationen, in der Arbeit, beim Einkaufen, im Kindergarten.*« ... »*Dann fühle ich mich wieder total wütend oder leer und gefühllos.*«

Für die meisten ›Verlassenen‹ ist das Zusammenbrechen der Hoffnung mit heftigen Emotionen wie Trauer, Wut, Schuld- und Versagensgefühlen, Verzweiflung, Einsamkeit, aber auch mit Gefühlen von Befreiung, Erleichterung und Hoffnung verbunden. Die Gefühle sammeln sich zu einem Knäuel, das nicht zu entwirren ist. Das Gefühlschaos entspricht dem Chaos allgemein, wenn Altes verschwindet und das Neue noch nicht in Sicht ist. Petri sagt dazu: »*Der Protest in all seiner dramatischen Ausformung und mit seinen schmerzhaften Zumutungen für alle Beteiligten ist zuallererst eine normale körperliche und seelische Antwort auf das Trennungstrauma. Was wir von Kindern wissen, warum soll es nicht auch für Erwachsene zutreffen: Je wilder, lärmender und länger ihr Protest nach einer Trennung ausfällt, umso gesünder und stabiler entwickeln sie sich im späteren Leben weiter.*« (Petri 2005) Nach dem Aufgeben des inneren Protestes gegen die Trennung wird der Trennungsschmerz besonders spürbar. Verzweiflung und

Trennungsschmerz können so stark sein, dass es zu psychosomatischen Reaktionen wie Schlafstörungen, Kopf- oder Magenschmerzen, Verspannungen, Heißhunger oder Appetitlosigkeit und vereinzelt zu suizidalen Krisen kommen kann.

EMPFEHLUNG

Kommt die Trennung für Sie »wie aus heiterem Himmel«, und gibt es keine Chance, den Partner wiederzugewinnen, können Sie in eine psychische Krise geraten. In Ihnen können starker Stress entstehen und das Gefühl, die Kontrolle über Ihr eigenes Leben zu verlieren. Ihre eigenen Kräfte werden in hohem Maße beansprucht oder überfordert. Sollten Sie in eine starke Krise geraten, brauchen Sie unbedingt Unterstützung von außen. Bleiben Sie in den ersten Nächten nicht allein und suchen Sie das Gespräch mit Freunden, Eltern oder professionellen Helfern.

EMPFEHLUNG

Haben Sie sehr kurzfristig und unwiderruflich Ihre Trennungsabsicht mitgeteilt, müssen Sie mit heftigen psychischen Reaktionen Ihres Partners rechnen. Sollten Sie mitbekommen, dass Ihr Partner in eine suizidale Krise gerät, sind Sie wie jeder andere verpflichtet, für ärztliche Hilfe zu sorgen, z. B. den Notarzt oder psychiatrischen Krisendienst zu informieren.

Sie haben den entscheidenden Schritt in die Trennung getan und damit die Verantwortung für die Trennungsentscheidung übernommen. Nachdem das Wort Trennung gefallen ist, wird Ihr Partner inhaltlich kaum noch etwas aufnehmen. Seine unmittelbaren Gedanken und Emotionen können sehr heftig oder erstarrt sein. Es ist vergleichbar mit dem Gefühl, wenn man die Diagnose einer schweren Erkrankung oder gar eine Todesnachricht bekommt. Erklärungen werden gehört, aber nicht verstanden. Ihr Partner braucht Zeit, bis er nach der ersten Wut und Trauer zugänglich wird für Erklärungen. Was für Sie klar und eindeutig ist, klingt für ihn wie »von einem anderen Stern«.

Sie werden sich bereits mit den Folgen Ihrer Trennung für sich selbst und Ihre Kinder auseinandergesetzt haben, während für Ihren Partner jetzt alles erst beginnt. Auch in Ihnen werden sich Gefühle des Bedauerns und des Abschieds einstellen, sodass Sie sich im Moment der Trennungsmit- ▶

teilung noch einmal schmerzhaft nah fühlen können und doch wissen, dass es vorbei ist. Möglicherweise möchten Sie trotz Ihrer Trennung in dieser emotionalen Krise hilfreich sein und wissen zugleich, dass Sie es nicht können. Aus der Sicht Ihres sich verlassen fühlenden und verzweifelten Partners sind Sie momentan oder für eine längere Zeit, vielleicht auch für immer, der Täter/die ›Täterin‹ und er/sie das ›Opfer‹. Sie müssen seinen Schmerz und dass Sie ihm wehgetan haben, aushalten. Es reicht, wenn Sie Verständnis für die emotionale Ausnahmesituation Ihres Partners aufbringen, Ihre Abgrenzung wahren und in dieser Zeit keine weitreichenden Entscheidungen fordern. Selbstverständlich steht es Ihnen beiden jederzeit zu, sich aus Situationen zurückzuziehen, die Ihnen zu emotional werden oder in denen Sie sich angegriffen fühlen. Sie haben das Recht, sich zu wehren oder für Sie unerträgliche Situationen zu beenden. Vermeiden Sie jedoch, auf Angriff mit Gegenangriff zu reagieren, sonst geraten Sie in eine Machtkampfspirale, die Sie möglicherweise aus früheren Zeiten kennen. Versuchen Sie, in der Defensive zu bleiben und Ihre berechtigten Interessen zu einem späteren Zeitpunkt deutlich zu machen. Sie sollten diese in emotional aufgeladenen Zeiten nicht als ›Kampfmittel‹ benutzen. Seien Sie in emotional ruhigeren Zeiten bereit, mögliche Fragen Ihres Partners bezüglich der Trennung und deren Folgen, so gut es für Sie geht, zu beantworten. Benennen Sie Ihre eigenen Interessen bezüglich Ihrer eigenständigen Zukunft. Sie können jetzt schon den weiteren Verlauf des Trennungsgeschehens mehr in Richtung Fairness oder Eskalation mitgestalten. Geben Sie sich selbst und Ihrem Partner/ Ihrer Partnerin Zeit für den emotionalen Abschiedsprozess.

Menschen, die unfreiwillig, unvorhergesehen oder zum für sie falschen Zeitpunkt ihre Beziehung aufgeben müssen, tendieren in dieser Phase zu polarisierenden Gefühlen und Verhaltensweisen. Es ist eine psychische Schwerstarbeit, die Realität der Trennung wahrzunehmen. So schwer es ist, das emotionale Chaos von heftigen und widersprüchlichen Gefühlen zuzulassen, so unvermeidlich ist es, um sich wirklich zu trennen und sich an das Leben ohne den Partner zu gewöhnen sowie letztendlich die emotionale Energie abzuziehen und in andere Beziehungen zu investieren.

▶▶ *Beispiel: Es liegt nur an dir*

Frau D. beginnt eine Einzeltherapie, da sie, seitdem die Kinder aus dem Haus sind, zunehmend unter depressiven Verstimmungen, Schlafstörungen und Verlustängsten leidet. Eine zuvor durch sie eingeleitete Eheberatung scheitert an der Bereitschaft des Mannes, der die Symptome und Behandlungsbedürftigkeit bei seiner Frau sieht. Frau D. übernimmt die »Symptomzuschreibung« ihres Mannes und beginnt an sich und »für die Beziehung zu arbeiten«. Kurze Zeit später verlässt Herr D. »wie aus heiterem Himmel« seine Frau und zieht zu einer Arbeitskollegin. Frau D. fällt, wie sie sagt, »aus allen Wolken«, weint, schreit, tobt, klagt ihn an und ist verzweifelt. Sie spürt sich so intensiv, wie nie zuvor in ihrer Verzweiflung, aber auch in ihrer Wut und in ihrem »Überlebenswillen«. Herr D. »kennt seine Frau nicht mehr« und bricht den Kontakt gänzlich ab. »Er macht sich«, wie sie sagt, »feige vom Acker.« Sie »durchleidet« die erste Zeit und schließt sich einer Trennungsgruppe an. Sie entwickelt sich zu einer starken Frau, die ihr Leben in die Hand nimmt. »Endlich bin ich erwachsen geworden.«

Je nachdem, wie unerwartet und verletzend die Trennung für Sie ist, werden Sie anfangs die Gründe für die Trennung mehr bei sich oder bei Ihrem Partner suchen. ›Unfreiwillig Getrennte‹ kreisen am Anfang mit ihren Gedanken oft hauptsächlich um die Frage: »*Warum?*« und »*Was habe ich falsch gemacht?*« In nächtelangen Grübeleien oder verzweifelten Anfragen oder Anklagen an den sich trennenden Partner werden Erklärungen gesucht. Zumeist vergebens. Nicht selten verweigern Trennungsaktive Erklärungen für ihre Entscheidung, entweder, weil sie meinen, genug geredet zu haben, oder weil sie sich vor lästigen Schuldzuweisungen und weiteren emotionalen Auseinandersetzungen scheuen. Sie gehen und lassen viele Fragen offen.

Vielleicht kennen Sie das; auch, wenn Sie erklärende Antworten bekommen, ist Ihre Fassungslosigkeit am Anfang der Trennung größer als ein wirkliches Verstehen. Gerade jetzt werden Sie wahrnehmen, wie nicht nur Ihre Gefühle, sondern auch Ihre Gedanken hin- und herwandern, kaum zu ordnen sind. Sie pendeln zwischen der Vergangenheit und der Zukunft: von den Liebeserinnerungen in der ersten

Zeit hin zu den Enttäuschungen, bis zur Trennung und in die nicht vorstellbare Zukunft, gefolgt von Ängsten, was auf Sie zukommt und ob Sie jemals wieder einen neuen Partner finden werden. Sie sind sicher, dass Sie immer allein bleiben werden und alles schlimm enden wird. Sie »*malen schwarz*«. Das sind ganz normale Zustände, die, auch wenn Sie es noch nicht glauben, vorübergehen werden. Vielleicht geht es Ihnen so wie vielen Verlassenen in dieser Phase: Sie erleben sich oft erbärmlich, schwach und hilflos, aber merkwürdigerweise auch ungewohnt stark und konzentriert – zumindest zeitweise. Vertrauen Sie darauf, dass auch Sie wieder Boden unter Ihren Füßen spüren werden. In den meisten Fällen verändert sich mit der Zeit das Maß der emotionalen Beteiligung zugunsten einer sachlichen Auseinandersetzung und Klärung der anstehenden Dinge.

EMPFEHLUNG

Rechnen Sie mit einem »Wechselbad« Ihrer Gedanken und Gefühle. Vielleicht ist folgender Satz für Sie hilfreich: **Alles geht vorbei.** Sie können diesen Satz oder einen anderen als Ihr ›Mantra‹ nehmen, wenn Sie das Gefühl bekommen, dass alles unerträglich ist und »nie wieder aufhören wird«. Suchen Sie sich verständnisvolle AnsprechpartnerInnen wie Freunde oder professionelle Beraterinnen/Therapeuten. Sie brauchen ein Gegenüber, um mit Ihren heftigen und wechselvollen Gefühlen anzukommen. Der denkbar ungünstigste Adressat ist jetzt derjenige, der Sie gerade verlassen hat, es sei denn, Sie wollen ihm noch einmal »richtig die Meinung sagen« und Ihrer Wut Luft machen.

Behalten Sie Ihre Aufmerksamkeit im Hier und Jetzt. Es gilt, den heutigen Tag und die Nacht so gut wie möglich zu bewältigen. Beschränken Sie sich auf eine von Ihnen bestimmte Zeit zum Grübeln. Sie brauchen Ihre Energie zur Bewältigung des Alltags. Ein Aufarbeiten und Verstehen des Trennungsgeschehens ist später dran. Suchen Sie den Kontakt zu Betroffenen. Versuchen Sie, so wenig wie möglich und so viel wie nötig Kontakt mit Ihrem Ex-Partner zu haben. Es gilt jetzt nur, die aktuell notwendigen Regelungen zu *besprechen*. Verzichten Sie in dieser frühen Phase Ihrer Trennung auf Beziehungsklärungen und freundschaftliche Kontaktversuche. Es nährt den Hoffnungsteil in Ihnen und verhindert ▶

Ihren berechtigten Zorn. Wenn überhaupt, gelingt ein freundschaftlich getrennter Kontakt erst nach der emotionalen Ablösung. Versuchen Sie, »kurz angebunden«, aber nicht aggressiv zu sein. Nicht siegen, sondern überstehen ist im Moment die Devise. Aufkommende Tränen bei unvermeidlichen Begegnungen sind ganz normal, authentisch und bedeuten keineswegs einen »Gesichtsverlust« – im Gegenteil.

Sie stecken mitten im Trennungsprozess, fühlen sich oft allein und machen schmerzhafte Erfahrungen. Sie haben bestenfalls Begleitung von Freunden, Eltern oder anderen nahestehenden Menschen. Diese sind zwar wichtige Gesprächspartner, jedoch nur für eine bestimmte Zeit und für bestimmte Inhalte:»*Irgendwann hatte ich das Gefühl, die anderen zu nerven oder nur noch unpassende Ratschläge zu bekommen.*« ... »*Ich glaube, meine Freundin kann mein Geheule bald nicht mehr aushalten.*« ... »*Meine Eltern tun im Moment so viel für mich und meine Kinder, ich will sie nicht auch noch mit meinem Schmerz belasten. Ich versuche, alle Gefühl wegzudrücken.*«

Könnten Sie sich vorstellen, dass jetzt der zusätzliche Austausch mit Betroffenen besonders hilfreich sein kann – vielleicht in einer Gruppe? Sicher gibt es auch in Ihrer Nähe Selbsthilfegruppen für unterschiedliche Lebensthemen – vielleicht auch für getrennte Männer und Frauen. Sehr hilfreich kann auch die Teilnahme an einem therapeutisch geleiteten Gruppenprogramm für getrennte Frauen und Männer sein.

INFORMATION: GRUPPENANGEBOT FÜR TRENNUNGS-
UND SCHEIDUNGSBETROFFENE

»Das Wissen um das, was wir zu erwarten haben, befreit uns zwar nicht vom Schmerz und der Verunsicherung, aber es hilft uns, mit unseren eigenen Umbruchphasen besser fertig zu werden. Es kann ungeheuer beruhigend sein, sich klarzumachen, dass man sich in einem ganz natürlichen Prozess befindet, der einen Anfang und ein Ende hat. Wir haben weniger das Gefühl, wir seien verrückt, wenn wir wissen, dass wir nicht allein sind, wenn wir eine gemeinsame Sprache haben, wenn wir uns mit anderen identifizieren können, die ähnliche Erfahrungen gemacht haben.« (Ahrons 1997)

Für viele TeilnehmerInnen in einer Trennungs- und Scheidungsgruppe steht an erster Stelle das Bedürfnis, andere Menschen, die sich in der gleichen Lebenssituation befinden, kennenzulernen und von deren Bewältigungsversuchen zu hören und zu lernen. *»Es tut mir gut, mich mit Gleichgesinnten auszutauschen, ohne meine Trennung ständig verteidigen oder begründen zu müssen.«* So wird die Trennungs- und Scheidungsgruppe für die Betroffenen ein neues und sicheres soziales Übungsfeld, um sich mit der eigenen Trennungssituation und den Folgen zu befassen. Die Gruppe bietet Halt, Unterstützung in der emotionalen Verarbeitung der Trennung, Austausch und neue Freundschaften. Zu erfahren, dass Leid kein isoliertes persönliches Geschehen ist und sich selbst als hilfreich für andere zu erleben, fördert die Hoffnung, dass Veränderung möglich ist. Alltagsfragen im Umgang mit den Kindern, den Freunden, dem/der ehemaligen Partner/in, der Wohnung und der beruflichen Situation müssen neu beantwortet werden. Aufkommende Gefühle wie Trauer, Wut, Enttäuschung, Versagen, Einsamkeit ... brauchen Zeit und Raum zur Verarbeitung.

Einige persönliche Erfahrungen von Gruppenteilnehmern:

→ ich fühle mich von den anderen verstanden, akzeptiert und weniger allein mit meinen Problemen

→ die Gruppe ist für mich ein Ankerplatz und gibt mir Halt und Struktur

→ in der Gruppe fühle ich mich geborgen in meiner sonstigen Ungeborgenheit

→ ich habe neue Freunde gefunden und kann die schlimme Zeit ohne die Kinder besser überstehen

→ ich habe gelernt, die Trennung zu akzeptieren, und beginne mich wirklich zu lösen

→ ich habe Hoffnung und erkenne Licht am Ende des Tunnels

→ im Austausch mit den anderen beginne ich, deutlicher meine Anteile am Scheitern meiner Beziehung zu erkennen und zu akzeptieren

→ die Mischung aus Frauen und Männern, aus Verlassenen und Verlassenden fordert mich heraus und lässt mich toleranter werden.

Gruppen für Getrennte oder Geschiedene werden als Selbsthilfegruppen von den Betroffenen oder als therapeutische von Beratungsstellen geleitet oder von freien therapeutischen Praxen angeboten. In der Regel trifft sich eine geleitete Gesprächsgruppe zum Thema Trennung und Scheidung wöchentlich mindestens zehn Mal zu zweistündigen Sitzungen. Teilnehmen können Frauen und Männer, die sich getrennt haben oder verlassen wurden. Angeboten werden auch separate Frauen- und Männergruppen. (Hötker-Ponath 2009)

Wut und Hass

> *»Der Hass ist die Liebe, die gescheitert ist.«*
> Sören Kierkegaard

Wut, manchmal auch Hass, gehört zur psychischen Ablösung im Trennungsprozess dazu. Weinen wir vor oder in der Wut, spüren wir die schmerzhafte Erfahrung oder auch die Trauer, die hinter der Wut verborgen ist. Auch beim Tod eines nahestehenden Menschen erleben wir nicht nur Trauer, sondern hin und wieder Zorn – Zorn auf die Unbarmherzigkeit des Schicksals, auf Gott, auf die Ärzte, die nicht alles versucht haben, auch auf den Verstorbenen selbst, der uns allein gelassen hat. Der Zorn ist meistens jedoch kurzfristig und geringer als die Verzweiflung über die Endgültigkeit.

Wut ist hilfreich, um uns aus Zuständen der Angst, Hilflosigkeit und Trauer herauszuholen. In der gesunden Wut erleben wir uns nicht mehr ausgeliefert, sondern energievoll und handlungsfähig. Wir wollen uns wehren, und plötzlich fallen uns alle negativen Seiten des anderen ein. Sind wir für den anderen nicht mehr liebenswert, ist er es für uns auch nicht mehr, also ist er ›böse‹. So bauen wir vorübergehend ein Feindbild auf, ganz im Sinne der Aussage von Sartre, dass die Hölle immer die anderen sind. Bei der ›Trennungswut‹ stehen die Kränkungsgefühle im Vordergrund sowie die Verzweiflung und Ohnmacht, sich nicht gegen die Entscheidung des anderen wehren zu können. *»Ich fühle mich weggeworfen wie ein nasser Putzlumpen«* … *»Ich fühle mich total wertlos ...«*

Auch Neid- und Rachegefühle können in dieser Zeit auftauchen, besonders dann, wenn derjenige, der gegangen ist, schon einen neuen Partner hat. Wir erleben es als ungerecht, wenn die Vorteilschancen nach der Trennung ungleich sind. Das betrifft nicht nur die ›neue Liebe‹ des Verlassenden, sondern auch finanzielle Ungleichheiten und die zu Recht befürchtete Verschlechterung der Lebenssituation. Diejenigen, die starke Wut- und Rachegefühle gegen den Partner entwickeln, wehren sich gegen den erlebten Schmerz mit Angriff. Indem sie diesen in der Wut *innerlich wegstoßen*, entwickeln sie psychische Aktivität und Abstand zum verloren gegangenen Partner. Wut kann jedoch auch in Hass auf den Partner übergehen. Alles das, was früher geliebt wurde, wird nur noch gehasst. Es scheint so, als ob nichts Gutes mehr übrig bleibt und jemals vorhanden war. Der Hass löscht im Erleben die Liebe aus. Richtet man in dieser Phase den Hass auf den sich trennenden Partner, kann das auch die Funktion haben, den Hass gegen sich selbst abzuwenden, das heißt, keine selbstzerstörerischen Handlungen wie Alkohol-, Tabletten-, Drogenmissbrauch oder gar Selbsttötung zu begehen. Damit wird der Hass kurzfristig zu einem Überlebensprinzip. Die Auffassung von Hass als einer lebenserhaltenden Kraft steht im Widerspruch zu der allgemeinen Verurteilung dieses Gefühls (Petri 2005).

Kurzfristige Hassgefühle sind im emotionalen Trennungsgeschehen ganz normal. Ist der Hass jedoch maßlos und kalt, so ist die gefühlsmäßige Verbindung zum Schmerz abgeschnitten. Bleiben Wut- oder Hassgefühle über eine längere Zeit bestehen, entwickelt sich Feindseligkeit. Diejenigen, die zornig bleiben und in der Vorwurfshaltung verharren, entwickeln sich zu erbitterten Gegnern und bleiben in der Vergangenheit verhaftet. Verena Kast meint dazu: »*Solange ich mich noch über jemand ärgern kann, so lange ist er irgendwie noch anwesend. Ich verstehe das Ärgern, den Zorn mehr in dem Sinn, dass die Beziehung noch geklärt werden muss.*« (Kast 1982) Meistens verzögern längerfristige Hass- und Wutgefühle die Anerkennung des Verlustes. Dazu ist es notwendig, die Wut im Erleben zuzulassen, sie aber auch zugunsten der Trauer wieder aufgeben zu können.

Sollten Sie hin und wieder Wut empfinden, heißen Sie Ihre Wut willkommen. Darin stecken Aktivität, Kraft und die Bereitschaft, sich abzugrenzen. Ihre Wut- oder Hassgefühle werden durch Ihre Gedanken und Einstellungen gespeist. Diese bedürfen längerfristig einer Überprüfung, aber momentan reicht es, wenn Sie in der Lage sind, Ihre Wut nicht an sich selbst, an Ihrem getrennten Partner oder an Ihren Kindern auszulassen. Sollten Sie Rachefantasien entwickeln und den Wunsch, Ihrer Partnerin/ Ihrem Partner mindestens so weh tun zu wollen, wie Sie sich verletzt fühlen, ist das verständlich, aber nicht ratsam, es in die Tat umzusetzen. Es brächte Ihnen vordergründig vielleicht Genugtuung und emotionale Entlastung, demonstriert jedoch Ihre Ohnmacht und Hilflosigkeit. Es könnte sich gegen Sie und Ihre Kinder wenden. Lassen Sie sich von Ihren Wut- oder Rachegefühlen nicht »auffressen« oder zu unkontrollierten Handlungen verleiten. Ganz im Sinne von T. Patrikios: »Versuche – Nun habe ich also auch die Rache versucht. Wieder war ich der Verlierer.« Vermeiden Sie Reizthemen, die normalerweise zu Streit und Wutausbrüchen führen. Sie können schriftlich kommunizieren, wenn Sie befürchten, Ihren Zorn nicht unter Kontrolle zu haben, oder sich zu notwendigen Gesprächen in einem Lokal treffen. Soziale Kontrolle bietet in der Regel Schutz vor emotionalen Ausbrüchen. Tun Sie nichts, was Sie später einmal bereuen könnten. Trotzdem ist es möglich, etwas zu tun – nicht gegen, sondern für Ihre Wutgefühle. Wählen Sie konstruktive Ausdrucksmöglichkeiten (Bewegung, Sport, mit einem festen Kissen aufs Bett, Sofa oder Boden schlagen, malen, schreiben ...).

Haben Sie bisher wenig Zugang zu Ihrer Wut, werden Ihnen diese Vorschläge kindisch vorkommen. »Wie kann ich Wut empfinden auf einen Menschen, den ich noch liebe oder bis eben noch geliebt habe?« Sollten Sie keinen Zorn empfinden, ist es für Sie noch nicht an der Zeit. Nehmen Sie sich die Zeit, die Sie brauchen. Probieren Sie aus, was zu Ihnen passt. Manche müssen lernen, ihre Wut zu spüren und zuzulassen, andere dagegen müssen lernen, ihre Wut zu kontrollieren.

Mit der folgenden Vorstellungsübung können Sie Ihre Wutgefühle intensiv zulassen und spüren, um sich davon zu befreien. Untersuchungen haben gezeigt, dass unser Körper auf Vorstellungen ähnlich reagiert wie auf tatsächlich ausgeführte Handlungen oder Ereignisse. Es geht nicht darum, Ihre Wut oder Rachegefühle in die Tat umzusetzen, sondern darum, sie wahrzunehmen, zuzulassen und zu akzeptieren. So können Sie lernen, Ihren Zorn für sich und andere unschädlich auszudrücken. Gehören Sie zu den Menschen, die ein Übermaß an Wut empfinden, ist diese Übung nicht geeignet. Neigen Sie zu unkontrollierten Wutausbrüchen gegen sich selbst und andere, brauchen Sie therapeutische Unterstützung.

ÜBUNG: »DU BIST EIN ...« ◀

Schließen Sie die Augen und stellen Sie sich Ihren getrennten Partner vor. Nehmen Sie sein Äußeres, seinen Blick, seine Worte, seine Haltung wahr, alles so, wie es Ihrem Bild entspricht. Beginnen Sie, ihn in Ihrer Vorstellung erst leise, dann laut zu beschimpfen, bis Ihre Wut spürbar wird und wieder nachlässt. Finden Sie ein Schlusswort oder einen kurzen Schlusssatz für diese Übung. Schreiben Sie diesen in Ihr Tagebuch und widmen Sie sich ganz bewusst einer anderen Tätigkeit. Sie können diese Übung immer dann wiederholen, wenn Ihre Wutgefühle Sie hindern, sich anderen Gefühlen oder Tätigkeiten zu widmen. Sie werden Veränderungen in Ihren Gedanken und Gefühlen bemerken. Auch die Schlussworte werden nicht immer die gleichen bleiben.

Unverarbeitete Wut und Verletzung blockieren eine sachliche und vernünftige Auseinandersetzung über die Trennungsfolgen. Das wirkt sich negativ aus auf:
→ die seelische und körperliche Gesundheit
→ die emotionale Befindlichkeit der Kinder
→ die Erarbeitung kindgerechter Umgangsregelungen
→ die finanzielle Einigung und andere Vereinbarungen
→ die Trauerarbeit und die emotionale Ablösung.

Befindet sich derjenige, der verlassen worden ist, in einer emotionalen und/oder finanziellen Abhängigkeit, verstärken sich Enttäuschung und Verletzungsgefühle. Es ist verständlich, aber riskant, der eigenen Ohnmacht auf der Ebene der Umgangsregelung und Finanzen

Ausgleich zu verschaffen. Wird derjenige, der die Trennung initiiert hat, unter Duck gesetzt, fühlt er sich in der Entscheidung, einen »*unmöglichen und mit Erpressung arbeitenden Menschen*« zu verlassen, bestätigt und reagiert mit Gegendruck. Beide riskieren, die Möglichkeit einer fairen Trennung zu verspielen. Faire Trennungen haben dann eine Chance, wenn derjenige, der sich trennt, den anderen rechtzeitig informiert und ihm die Chance gibt, sich vorzubereiten. Andererseits ist es auf der Seite des Verlassenen wichtig, die emotionale Verletzung zu bearbeiten und von den Trennungsfolgen abzutrennen. Das bedeutet zum Beispiel, die Finanzen fair zu trennen und keinen Alleinanspruch auf die gemeinsamen Kinder zu deklarieren.

Wird die notwendige, gesunde Wut bei einem Trennungsverlust verdrängt oder abgespalten, kann es zu anhaltenden depressiven Reaktionen kommen. Gerade Menschen, die in ihren Aggressionen gehemmt sind und dazu eine strenge moralische Über-Ich-Instanz in sich tragen, überspringen häufig die Phase des Protests und der Auflehnung. Dadurch sind sie gefährdet, nach dem Verlust des Partners eine anhaltende depressive Entwicklung zu nehmen. Die Wut wird nach innen gelenkt. Sie äußert sich verkleidet in Selbstanklagen und Schuldgefühlen, da sich derjenige allein für das Scheitern der Beziehung verantwortlich macht. Fragen wie »*Was habe ich nur falsch gemacht?*« und »*Warum habe ich mich nur so verhalten?*« ... »*Hätte ich nur...*« entwickeln sich zu Endlosschleifen und bleiben unbeantwortet. In der Depression nach einem Trennungsverlust werden die eigene Person und das eigene Leben negativ, manchmal als nicht mehr schützenswert, erlebt (Suizidgefährdung). Der Betroffene kann nicht weinen, keine Freude und keinen Ärger spüren. Er erlebt sich innerlich »*wie erstarrt*«, manchmal wie »*tot*«.

Trauer und Schmerz

>*»Lassen Sie mich noch etwas über die Trauer sagen,*
die nach dem ersten, wortlosen, unmäßigen Schmerz folgt.
Der Schmerz ist blind, die Trauer hingegen sehend, sie ist bestimmt
durch das Erinnern, das Sich-Vergegenwärtigen des Menschen,
dessen Nähe man wünschte, suchte, behalten wollte, dem man sich ganz
geöffnet hat, den man liebte.«
>
> Timm 2003

Einen Verlust zu betrauern, gibt uns die Freiheit, Gefühle auszudrücken, die wir normalerweise nicht zeigen würden. Trauer zeigt sich
besonders im Weinen, was in unserer westlichen Gesellschaft – zumindest öffentlich – tabuisiert ist und vermieden wird. Manchmal
lachen wir, obwohl uns zum Weinen zumute ist. Wir vermeiden,
unsere Tränen zu zeigen, weil wir uns in dem Moment schwach und
hilflos fühlen, obwohl wir um die erleichternde Wirkung wissen.
Im Weinen spüren wir den Trennungsschmerz besonders stark,
aber auch die allmähliche Lösung der damit verbundenen psychischen und körperlichen Spannung. Der Paartherapeut Krantzler
meint: *»Das Sterben einer Beziehung ist die erste Stufe in einem Prozess, in dem der Tod festgestellt, die Beziehung dann beweint und zu
Grabe getragen wird, um der Selbsterneuerung den Weg zu bahnen.«*
(Krantzler 1984)

Männer haben in unserem Kulturkreis noch weniger die ›Erlaubnis‹ und auch die Übung zu weinen als Frauen. Damit bleibt der inne-
wohnenden Trauer vieler Männer der Ausdruck versagt. Es sei denn,
sie werden völlig überraschend und kompromisslos verlassen. Dann
können alle emotionalen Dämme brechen und zu einer bodenlosen
Verlassenheit und Trauer führen. Die eigentliche Kränkung wird erst
zu einem späteren Zeitpunkt spürbar und kann sich in starken bis
unkontrollierten Wutausbrüchen einen Weg bahnen.

Viele Männer leiden zudem unter dem reduzierten Kontakt zu den
Kindern, da sie oftmals nicht die Hauptbetreuung der Kinder über-

nehmen können oder wollen. Die Trauer um die verlorene Familie, die Angst, die Kinder zu verlieren, und Auseinandersetzungen über Besuchsregelungen überdecken oftmals Verlustgefühle bezüglich der Paarbeziehung. Diese Trauer um die verlorene Liebesbeziehung ist jedoch nicht nur für die Loslösung der Erwachsenen, sondern auch für die Kinder entlastend. Nehmen die Erwachsenen ihre Verluste emotional wahr, können sie diese auch betrauern. Mit diesem Erleben gelingt es ihnen besser, die Trauer ihrer Kinder wahrzunehmen und feinfühlig darauf zu reagieren. *»Erlebt das Kind mit der Trauer die dazugehörende gegenseitige Wertschätzung der Eltern, bleibt ihm erspart, für einen Elternteil Partei zu ergreifen und/oder auf eine Seite gezogen zu werden.«* (Sieder 2008)

▶▶ *Beispiel: Heftige Gefühle*

Herr A. hat sich nach Jahren quälender Beziehung mit vielen Hochs und Tiefs von seiner Frau getrennt. Er fühlt sich nach dem Auszug befreit und hat nach langer Zeit wieder Lust, alte Freunde zu treffen und seinen Hobbys nachzugehen. »Ich habe nur noch funktioniert und nicht mehr gelebt.« Mit Elan beginnt er, seine Wohnung einzurichten. »Nur meine Ideen zählen.« ... Das erste getrennte Weihnachtsfest naht. Herr A. freut sich, dass sein erwachsener Sohn seine Wohnung kennenlernen und am Heiligen Abend bei ihm sein möchte. Er schmückt seine Wohnung, richtet das Weihnachtsessen und bemerkt einen eigenartigen Druck auf seiner Brust. Sein Sohn kommt, und sie begrüßen sich herzlich. Sie nehmen sich spontan in den Arm, was schon lange nicht mehr passiert ist. Wie »aus heiterem Himmel« beginnt Herr A. stark zu weinen: »Es schoss aus mir heraus, wie ein Wasserfall, ich konnte nur noch weinen, und schließlich weinten wir beide. Es war verrückt, weil es mir doch eigentlich gut geht, aber es hat irgendwie befreit. Wir waren uns so nah wie nie zuvor. Mein Sohn hat mir erzählt, dass er unsere Trennung verstehe, aber trotzdem immer noch traurig sei, weil wir keine richtige Familie mehr sind.«

Trauern heißt, sich von Überholtem, Überlebtem und Vergangenem zu verabschieden, und bereit werden für Wandel und Neubeginn. Trauern heißt für getrennte Partner, die Hoffnung auf eine weitere gemeinsame Beziehung aufzugeben. Die Trauer taucht im Verlauf des Abschiedsprozesses immer wieder auf. Mal laut, mal leise und immer wieder in einem ›neuen Kleid‹; im Weinen und Klagen, in Wutausbrüchen, in körperlichen Reaktionen, in Schuldgefühlen und in sehnsuchtsvollen Erinnerungen – bis der Verlust akzeptiert wird und neue Lebensperspektiven erkennbar werden.

Trauerprozesse sind individuell sehr unterschiedlich und reichen von der gänzlich vermiedenen bis zur chronischen Trauer. Dann bleibt der Betreffende unfähig, ein neues Leben zu planen. Ohne Trauerarbeit misslingt die Ablösung, da die eigene Wahrnehmung nach hinten gerichtet ist. Derjenige bleibt in sich selbst, in seinen Wünschen und Fantasien gefangen. Der Blick nach vorn ist verstellt, und neue Erfahrungen sind nur begrenzt möglich. Ohne Trauer gibt es keine Neuorientierung im Leben und keine kreativen Gestaltungsideen für die Zukunft. Trauergefühle kann man zwar unterdrücken, sie werden dadurch jedoch nicht ausgelöscht, sondern setzen sich als unterdrückte Emotion im Körper fest und drängen in verschiedenster Gestalt bei entsprechender Gelegenheit wieder ins Bewusstsein. Verdrängte Gefühle folgen dem natürlichen Drang nach Ausdruck und Lebendigkeit. Unterdrückte Trauer wird von Betroffenen entweder als unkontrollierbare Überflutung oder emotionale Erstarrung beschrieben. Canacakis nennt es »*Explosionsgefahr*« oder »*seelische Versumpfung*«. (Canacakis 1990)

Daraus folgt, dass Trauer als eine spontane, normale Reaktion unseres Organismus und unserer ganzen Person notwendig ist, um Verlust und Trennung zu verarbeiten. Die Trauer ist unverzichtbar fürs Loslassen und für die Verarbeitung von Schlusssituationen. Sie hilft uns, die Trennung mit der Zeit zu akzeptieren, und fördert die erneute Kontakt- und Beziehungsfähigkeit. Wird die Trauerarbeit vermieden (z. B. durch eine zu frühe neue Liebesbeziehung oder durch die Unfähigkeit zu trauern), kommt es nicht selten zu erneutem Scheitern in Beziehungen oder zu depressiven Entwicklungen. Solange wir unsere Trauer nicht bewältigt haben, können wir nicht abschließen und inneren Frieden mit unserer Lebenssituation finden. Das wiederum verbaut uns die Möglichkeit, eine neue Beziehung aufzubauen.

Auch derjenige, der eine langjährige Beziehung beendet hat, ist im Moment der Trennungsmitteilung noch nicht wirklich gelöst, auch wenn er es gern wäre oder nach außen hin postuliert. Trauer und Abschiedsprozesse brauchen Zeit und die Bereitschaft, sich darauf einzulassen. Beide Partner erfahren auf schmerzliche Weise, dass mit dem Verschwinden der Liebe die Bindungsgefühle nicht automatisch ausgelöscht sind. Mit dem Menschen, mit dem wir eine längere Strecke unseres Lebens gegangen sind, bleiben wir in gewisser Weise verbunden, auch wenn wir uns trennen. Die gemeinsamen Beziehungserfahrungen sind Teil unserer Lebensgeschichte. Wir stoßen immer wieder auf Gegenstände, Bilder, Musik, Erlebnisse und Geschichten, die eine gemeinsame Bedeutung erlangt hatten.

Nicht nur der ›Verlassene‹, sondern auch derjenige, der verlassen hat, muss immer wieder mit emotionalen Einbrüchen rechnen, denn die eigentliche Lösung und die dazugehörige Trauerarbeit sind noch nicht beendet. Wie schon erwähnt, ist die zu leistende Trauerarbeit für den Partner, der geht, und für den, der verlassen wird, eher ähnlich als unterschiedlich, nur zeitlich verschoben. Nur werden bei demjenigen, der geht, Trauerreaktionen weniger erwartet und verstanden als bei demjenigen, der verlassen worden ist. Sieder meint dazu: »Nicht nur der verlassene und verletzte Partner, auch der Initiator, der die Trennung allein oder deutlich mehr betrieben hat, erleidet einen Verlust, er nimmt ihn nur weitaus weniger wahr. Er handelt ja in der Überzeugung, sich selbst zu befreien, und meint, bald stünde ihm ein Leben in größerer Freiheit und Autonomie offen. So kann auch bei ihm ein Mangel an Trauer entstehen.« (Sieder 2008) Es gibt nicht die eine oder die beste Art des Trauerns bei einer Trennung. So verschieden wir lieben, so vielfältig trauern wir beim Verlust eines Partners. Wie immer die Trauer gelebt oder nicht gelebt wird, wichtig ist, dass wir den Schmerz, der mit der Trennung verbunden ist, wahrnehmen und dafür einen Ausdruck finden.

Sich mit den Verletzungen zu befassen heißt, den Schmerz und die Trauer zu öffnen. Dazu ist es notwendig, sich einzugestehen, dass man verletzt worden ist und folglich das Recht hat, sich verletzt zu fühlen. Enright meint dazu: *»Erstens müssen wir anerkennen, dass die Verletzung ein Unrecht darstellt und immer ein Unrecht bleiben wird. Zweitens haben wir einen moralischen Anspruch auf unsere Wut. Es ist rechtmäßig, wenn wir an unserer Ansicht festhalten, dass niemand das Recht hat, uns zu verletzen. Wir haben Anspruch darauf, respektiert zu werden. Drittens setzt Vergebung voraus, dass wir aufgeben, worauf wir ein Anrecht haben: unsere Wut oder unsere Bitterkeit.«* (Enright 2006)

Für die folgende Übung brauchen Sie Zeit, Ungestörtheit und die Stärke, sich mit Ihrer Verletztheit zu befassen. Setzen Sie sich selbst einem leeren Stuhl gegenüber, auf dem Sie sich Ihren Ex-Partner vorstellen.

VORSTELLUNGSÜBUNG: ICH FÜHLE MICH DADURCH VERLETZT, DASS DU ...
Gehen Sie mit Ihrer Aufmerksamkeit nach innen und erinnern Sie sich an Situationen in Ihrer vergangenen Beziehung, in denen Sie sich in besonderer Weise von Ihrem jetzt getrennt lebenden Partner verletzt

gefühlt haben. Sie können die bedeutsamsten Verletzungssituationen auch notieren. Stellen Sie sich jetzt vor, Ihr Ex-Partner säße Ihnen hier gegenüber, auf diesem leeren Stuhl. Stellen Sie sich ihn so realistisch wie möglich vor, sein Aussehen, seinen Blick, seine Haltung, und teilen Sie ihm alle vorher erinnerten Situationen jeweils mit einem Satz mit. Achten Sie auf Ihre Gefühle, die sich einstellen, und drücken Sie das jeweilige Gefühl durch Worte, eine Gestik oder eine Haltung aus, die Ihnen spontan dazu einfällt. Sie beginnen immer mit dem Satzanfang: »Ich fühle mich dadurch verletzt, dass du ..., und das macht mich« (wütend, traurig, sprachlos, verzweifelt) ... »dafür würde ich am liebsten« ... oder, »dafür möchte ich mich rächen« ... je nachdem, was für Sie als emotionale Antwort auf die Verletzung passt.

Haben Sie sich emotional Ihren Verletzungen gestellt, geben Sie Ihren damit verbundenen Gefühlen Raum. Sie werden sich erschöpft, aber auch entlastet fühlen, weil Sie etwas von innen nach außen gebracht haben. Sie haben psychische Arbeit geleistet, denn die Zeit allein heilt nicht alle Wunden. Sie hilft uns aber, mit dem Schmerz umgehen zu lernen und Abstand zu gewinnen.

Sollten Ihnen für Ihre Verletztheit Worte fehlen oder »*zu schade*« sein, können Sie auch auf einem anderen Weg Ihren Gefühlen Ausdruck verleihen – indem Sie malen. Halten Sie Papier und Stifte bereit, so können Sie immer wieder Ihre unterschiedlichen Stimmungen und Emotionen ausdrücken und beginnen, zu verarbeiten. Möglicherweise entdecken Sie ungeahnte Freude am Malen und an Ihren künstlerischen Fähigkeiten. Manche Menschen haben mehr Lust zum Kritzeln mit einem Bleistift und legen sich ein Kritzelbuch für emotionale Spannungszustände an.

► **ÜBUNG:** MALEN

Nehmen Sie sich eine Auszeit und ein größeres Blatt Papier und Farben Ihrer Wahl (Acryl- oder Wasserfarben, Wachsmalstifte ...). Malen Sie einen Rahmen, bevor Sie das eigentliche Bild beginnen. Je nach Ihrer emotionalen Verfassung können Sie malen, was aus Ihnen herausdrängt oder Bilder zu »meine Wut«, vielleicht auch ein Bild zu »meine verletzte Seele«, »meine Angst« oder »meine Trauer«. Das Malen hilft, Gefühle wahrzunehmen, auszudrücken und die verletzte Seele zu heilen.

▶▶ Beispiel: Ich fühle mich unendlich verletzt

Frau E., eine Teilnehmerin in einer Trennungsgruppe, verhält sich lange Zeit sehr still und zurückhaltend. Bei Nachfrage kommt immer wieder die monotone Antwort, dass sie gern zuhöre und entsetzt sei, was alles bei den anderen passiert sei. Bei ihr in der Beziehung sei doch eigentlich immer alles so gut gewesen. Frau E. vermeidet, auch nach einem Jahr »unfreiwilliger Trennung«, sich emotional auf das Geschehen einzulassen. Sie verharrt innerlich in der verloren gegangenen Beziehung. Erst als sie sich in einer Übung ihren verletzten Gefühlen stellt, bahnen sich ihre lang zurückgehaltenen Emotionen den Weg. Es hilft ihr, zu Hause ihren aufbrechenden Gefühlen von Schmerz, Zorn und Trauer Raum und Begrenzung zu geben, indem sie eine Serie von ›Verletzungsbildern‹ malt. Über die mitgebrachten Bilder kann sie sich in der Gruppe emotional verständlich machen und erfährt viel Wertschätzung und Unterstützung von den anderen TeilnehmerInnen.

Trauern heißt, sich zu erinnern, um zu spüren, was wir durch die Trennung verloren, aber letztendlich auch gewonnen haben. Es bedeutet, sich von vielen Dingen zu verabschieden, die wir in Zukunft nicht mehr mit dem getrennten Partner erleben werden oder die wir versäumt haben zu leben. Bedauern wir auch das Ungelebte in der vergangenen Beziehung, gelingt es uns leichter, uns von Selbstvorwürfen zu befreien. Trennungsbetroffene in dieser Phase erinnern sich schmerzvoll an die schönen Erlebnisse in der vergangenen Beziehung. Die gemeinsame Vergangenheit immer wieder an sich vorbeiziehen zu lassen hilft, das Gute in der Beziehung zu halten, aber auch die Idealisierung aufzugeben und problematische Situationen zu erinnern. Damit erleben wir schmerzlich, dass vieles auch nicht geglückt ist, dass wir uns gegenseitig und uns selbst einiges schuldig geblieben sind. Eigene unerfüllte Wünsche und Veränderungsversuche, die ins Leere gelaufen sind, tauchen auf und verändern den Blick und die Trauer.

Manche Menschen klagen in dieser Phase nicht so sehr über traurige Gefühle, sondern über stundenlange Grübeleien, besonders in Zeiten des Alleinseins am Abend oder in der Nacht. Die trüben Gedanken kreisen um Schuld oder Suche nach Erklärungen für die Trennung, um positive und negative Erinnerungen, um alles, was vorbei ist. Das Nachsinnieren über die Vergangenheit gehört dazu, kann jedoch ein unerträgliches Maß annehmen, sodass wir vom Schlaf oder anderen wichtigen oder angenehmen Dingen abgehalten werden. Wenn wir wollen und entschlossen üben, können wir die Kontrolle über unsere Gedanken zurückgewinnen. Wir können lernen, darüber zu bestimmen, womit wir uns gedanklich befassen wollen und womit nicht. Damit entscheiden wir auch, mit welchen Gefühlen wir zu rechnen haben. So haben wir auf unsere Gedanken und Gefühle Einfluss, auch auf unser Grübeln.

Hierzu schlage ich Ihnen ein kleines Experiment vor.

▶ **ÜBUNG:** GRÜBELN JA, ABER NICHT STÄNDIG

Stellen Sie sich Folgendes vor:

Sie laden Ihren ›inneren Grübler‹ als Gast ein. Sie wissen, dass er nach einer bestimmten Zeit wieder gehen wird. Sie entscheiden sich, Ihren Gast, den ›Grübler‹, jeden zweiten Tag einzuladen und sich ihm ganz zu widmen. Sie beginnen an einem ungeraden Tag und geben ihm mindestens dreißig Minuten und höchstens ein Stunde Zeit, alle guten und schlechten Erinnerungen aus Ihrer vergangenen Beziehung zu erzählen und aufzuschreiben. Ihr ›innerer Grübler‹ soll die ganze Zeit ohne Pause schreiben, auch wenn sich Sätze oder Erinnerungen mehrmals wiederholen. Ist die von Ihnen festgesetzte Besuchszeit vorbei, verabschieden Sie sich von Ihrem ›Grübler‹ (Gast) für heute. Am nächsten geraden Tag, möglichst zur selben Zeit, lesen Sie das Geschriebene laut durch und zerreißen oder verbrennen es. Am übernächsten, ungeraden Tag laden Sie wieder zur selben Zeit Ihren ›inneren Grübler‹ zum Erzählen und Schreiben ein.

Sollte der ›Grübler‹ zwischendurch ungeladen zu Ihnen zurückkehren wollen, verweigern Sie ihm den Zutritt und verweisen ihn auf den nächsten ungeraden Tag, an dem Sie ihn wieder einladen werden. »Jetzt denke ich über etwas anderes nach und habe Besseres zu tun.« Wenn Sie dieses kleine Experiment ausprobieren möchten, empfehle ich Ihnen einen Zeitraum von einer Woche, nach Bedarf auch länger.

Übung verändert nach Steve de Shazer 2010

Wird es aufgrund der räumlichen und emotionalen Trennung unausweichlich, die Trennungsrealität anzuerkennen, öffnet sich der Weg zur emotionalen Ablösung. Das zeigt sich oft in kleinen symbolischen Handlungen: z. B. *die Fotos des getrennten Partners wegräumen, sich mit anderen Trennungsbetroffenen zusammentun, die Wohnung umräumen, sich juristisch hinsichtlich einer Scheidung informieren*. Das deutlichste Anzeichen dafür, dass sich die Trauer dem Ende zuneigt, beschreiben Trennungsbetroffene als ein erleichterndes Gefühl, »*überlebt zu haben*«, und als aufkommende Zuversicht, es allein schaffen zu können. Die Gedanken und Gefühle sind trotz wiederholter Einbrüche nicht mehr rückwärtsgewandt, sondern auf das Hier und Jetzt mit Blick in die Zukunft gerichtet.

Darin liegt zugleich die Chance des Abschieds und der Trauer: etwas Verlorenes aufzugeben und Neues für sich zu gewinnen, andere Lebensmöglichkeiten, die mit dem Ex-Partner nicht möglich waren. So könnte man frei nach Hermann Hesse sagen: »*Jedem Abschied wohnt ein Zauber inne*« ..., auch wenn Sie es bisher nur erahnen.

Wer oder was ist schuld?

(Wir verschwiegen, was gesagt werden musste).
Warum? Wir wollten uns nicht verlieren.

Marie Luise von Kaschnitz

Viele von uns meiden den Begriff der Schuld und fragen sich doch immer wieder, wer eigentlich schuld ist an der Trennung. In diesem Zusammenhang spreche ich lieber von anteiliger Verantwortung. Gleichwohl kennen wir alle Schuldgefühle und wissen, dass wir einander und uns selbst immer wieder etwas schuldig bleiben. Frisch getrennte Paare weisen sich gern gegenseitig die Schuld für das gemeinsame Scheitern zu. Zum einen, um sich selbst zu entlasten, zum anderen, um das angegriffene Selbst zu stabilisieren. Somit ist es anfangs schwer, sich selbst zu hinterfragen, doch solange wir uns nicht als Teil des Beziehungsproblems sehen, werden wir auch nicht Teil der Lösung.

Für die meisten Betroffenen hat die Ehe einen hohen Wert, der durch die Trennung infrage gestellt wird. Deswegen haben sie jetzt ein schwieriges Deutungsproblem, wenn sie erklären wollen und müssen, warum ihre Ehe endet. Manche helfen sich mit einer Umdeutung und negieren die Bedeutung der Beziehung: Diejenigen, die gehen, sind plötzlich davon überzeugt, dass ihre Ehe oder Beziehung *»von Anfang an schwierig und letztendlich zum Scheitern verurteilt war«*. Hingegen glauben die Verlassenen, dass der andere schuld sei, *»getäuscht und gelogen hat«*. Beide fühlen sich als Vertreter der Wahrheit.

Dadurch entstehen sogenannte Opfer-Täter-Kreisläufe, die kurzfristig aus der Sicht des Verlassenen verständlich sind, längerfristig aber zum Eigentor werden. Solange wir uns als Opfer der Geschehnisse fühlen, bleiben wir im Negativen verbunden und eingeschränkt handlungsfähig für unsere eigenen Interessen. Machen wir uns lieber mit dem Gedanken vertraut, dass beide am Leben und am Sterben der Beziehung beteiligt waren, denn: *»Einer hat immer unrecht, aber mit zweien beginnt die Wahrheit«*. *(F. Nietzsche)* Deswegen müssen wir nicht den Trennungsschritt unseres Partners gutheißen.

EMPFEHLUNG:

Den Partner und die Familie zu verlassen, bereitet den meisten Betroffenen ein schlechtes Gewissen, auch wenn es gute Gründe für die Trennung gibt. Das Gefühl der Schuld entsteht aus einem in jedem Menschen tief verwurzelten Loyalitätsbedürfnis gegenüber der zugehörigen Gemeinschaft (Paarsystem, Familie). Den Kindern kein ›heiles Familienleben‹ bieten zu können und ihnen schmerzhafte Veränderungen mit der Trennung zuzumuten, wird von beiden Elternteilen als Versagen erlebt. Es bedeutet, an die eigenen Grenzen gestoßen zu sein.

Derjenige, der die Trennungsentscheidung übernimmt, erlebt in besonderer Weise die Verantwortung für die Trennung. Manchmal ist es ein langwieriger Prozess, zu der Entscheidung, das eigene Wohlergehen (zumindest kurzfristig) über das der Kinder gestellt zu haben, zu stehen. Sich zu trennen bedeutet, den Kindern und dem Partner Verletzung und Schmerz zuzumuten. Deswegen ist es wichtig, verantwortlich mit den Folgen der eigenen Entscheidung umzugehen, auch wenn unser Partner zunächst oder längerfristig gekränkt ist und gegen gute Lösungen arbeitet.

Das bedeutet:

- die eigenen Unzulänglichkeiten zu erkennen
- auf einseitige Schuldzuweisungen zu verzichten
- sich den offenen Fragen zu stellen
- immer wieder kompromiss- und verhandlungsbereit zu sein (vor allem zum Wohl des Kindes)
- nicht in alte »*Kampf-Konfliktmuster*« zu verfallen
- und letztendlich einen persönlichen oder gemeinsamen Weg des Abschiednehmens zu finden.

Paradoxerweise geben sich bei einer Trennung häufig diejenigen die Schuld, die verlassen worden sind. Dies erklärt sich meistens mit dem Gefühl einer enormen Kränkung des Selbst. »*Wenn ich verlassen werde, dann genüge ich nicht.*« ... »*Vielleicht hätte ich die Beziehung retten können, wenn ich mich da oder dort anders verhalten hätte.*« ... »*Hätte ich doch nur ...*«

Selbstabwertung fördert zusätzlich die Entwicklung von Schuldgefühlen. Diese entstehen in der Regel aus Forderungen, die man glaubt erfüllen zu müssen, die man nicht erfüllt hat oder auch gar nicht erfüllen konnte. Sich schuldig zu fühlen, heißt noch nicht, tatsächlich schuldig geworden zu sein, denn Schuld setzt bewusstes Handeln oder Nicht-Handeln voraus.

EMPFEHLUNG:

Fühlen Sie sich schuldig? Was ist tatsächlich Ihre Schuld? Hinterfragen Sie Ihre Schuldgefühle. Wofür fühlen Sie sich schuldig und was haben Sie sich tatsächlich vorzuwerfen? Nehmen Sie Ihre Schuldgefühle ernst, aber hinterfragen Sie diese auch, um sich davon zu befreien, was Sie nicht zu verantworten haben. Längerfristige Schuldgefühle höhlen Ihr Selbstwertgefühl aus, erschweren Ihre Loslösung und verhindern einen Neuanfang. Das, was gewesen ist, ist vorbei – das Gute und das Schlechte. Wenn Ihnen manches, was Sie gesagt oder getan haben, leidtut, dann ist es so. Sie können es bereuen und sich dafür entschuldigen, aber es nicht mehr ungeschehen machen. Sie haben die Wahl, sich eigene Fehler zu verzeihen oder sich weiterhin dafür zu verurteilen.

- Angenommen, Sie könnten beeinflussen, wie lange Sie sich noch selber Vorwürfe machen. Wie viele Monate oder Jahre wären das?
- Wem helfen Ihre Selbstvorwürfe, Ihnen, Ihren Kindern oder Ihrem Partner?
- Was wäre bezüglich Ihrer Schuldgefühle anders, wenn nicht Ihr Partner/wenn nicht Sie zu der Entscheidung gekommen wären, sich zu trennen?

Gehen Sie nun einen Schritt weiter, indem Sie nochmals einen Schritt zurückgehen in die Geschichte Ihrer Beziehung. Versuchen Sie, einseitige Schuldzuweisungen zu vermeiden, denn nach Schuld beim anderen sucht nur derjenige, der eigene nicht sehen will oder noch nicht sehen kann. Beschuldigen und entwerten Sie Ihre Ex-Partnerin/Ihren Ex-Partner, so entwerten Sie einen Teil Ihres gelebten Lebens. Gewinnen Sie nun ein ganzheitliches Bild darüber, was Ihr Anteil am Scheitern Ihrer Beziehung ist und was Sie Ihrem Partner oder anderen Einflüssen zuschreiben. Beachten Sie, dass es Ihre Sicht ist und Ihr Partner weitgehend eine andere haben wird. Wenn Sie Widerstand gegen diese Übung empfinden, versuchen Sie es zu einem späteren Zeitpunkt. Es ist Ihre Entscheidung, wann und ob Sie sich mit Ihren eigenen Anteilen am Scheitern Ihrer Beziehung auseinandersetzen wollen.

Wie sind im Moment Ihre Überlegungen, wer oder was verantwortlich ist für das Scheitern Ihrer Beziehung? Denken Sie auch darüber nach, welche anderen Dinge, Ereignisse und Bedingungen, die nichts mit Ihnen beiden zu tun haben, zur Trennungsentwicklung beigetragen haben. Notieren Sie alles stichpunktartig in drei Spalten *(Mein Anteil/dein Anteil/ Sonstiges)*, was Ihnen dazu einfällt. Zur grafischen Übersicht können Sie anschließend einen großen Kreis (Kuchen) zeichnen und die Verantwortlichkeiten für Ihre Trennung in Form von drei entsprechend großen Kreisanteilen einfügen. Unterteilen Sie nun die drei großen Kreisanteile jeweils in entsprechend kleine ›Kuchenstücke‹ für die notierten Verantwortlichkeiten, indem Sie hineinschreiben, was Sie konkret gefunden haben. Wie ist die Gewichtung?

Beispiel: Tortendiagramm: Mein Anteil – dein Anteil – Sonstiges

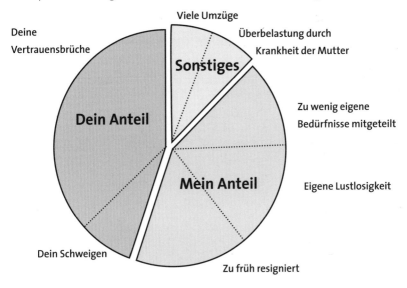

Mit dieser Übung haben Sie den Versuch unternommen, in nicht verurteilender Art und Weise etwas Licht in das Scheitern Ihrer Beziehung zu bringen. Damit sind Sie *nicht* dem leichteren Weg der einseitigen Schuldzuweisung gefolgt. Aus dem »*Du* bist schuld an der Trennung« ist ein »*Wir* beide sind verantwortlich für das Sterben unserer Beziehung« geworden. Auch juristisch gilt seit 1977 nicht mehr das Schuldprinzip, sondern das Zerrüttungsprinzip.

Für den Ablösungsprozess ist es hilfreich, sich mit den eigenen Unzulänglichkeiten und dem Beteiligtsein an der Zerrüttung der Beziehung auseinanderzusetzen, auch wenn wir die Trennung nicht gewollt haben. Damit erleben wir uns als Beteiligte an unserer Beziehungsvergangenheit, »*in guten wie in schlechten Tagen*«. Mit den eigenen Anteilen können wir uns beschäftigen und daraus lernen, den Anteil des Partners müssen wir bei ihm lassen. Vielleicht können Sie später einmal folgendem Satz zustimmen: »*Ich übernehme meinen Teil am Scheitern der Beziehung und lasse dir deinen.*«

Einsamkeit

> *Wie sind die Tage ...*
> *Wie sind die Tage schwer!*
> *An keinem Feuer kann ich erwarmen,*
> *Keine Sonne lacht mir mehr,*
> *Ist alles leer,*
> *Ist alles kalt und ohne Erbarmen,*
> *Und auch die lieben klaren*
> *Stern schauen mich trostlos an,*
> *Seit ich im Herzen erfahren,*
> *Dass Liebe sterben kann.*
> Hermann Hesse

Einsamkeit ist ein ständiger Begleiter in unserem Leben, mal unerkannt und still, mal eindringlich und gnadenlos. Ob wir allein, in einer Beziehung oder Familie leben, ob wir unter Freunden sind – wir können uns überall einsam fühlen. Das bedeutet, Einsamkeit ist nicht gleichzusetzen mit Alleinsein und umgekehrt.

Viele Menschen haben das Alleinsein entweder nicht gelernt oder zugunsten der Zweisamkeit in der Beziehung aufgegeben. Gerade in langjährigen Beziehungen wird fast alles geteilt: das Bett, die Aufgaben, das Geld, die Kindererziehung, die Zeit, der Urlaub, das Glück und Leid ... Trennen wir uns, sind wir plötzlich »uns *selbst der Nächste*«. Wir sind herausgefordert, das meiste mit uns selbst zu teilen, und es wird sich zeigen, ob wir allein sein können, ohne in die Isolation zu geraten. Sind wir plötzlich und nicht gewollt mit Alleinsein konfrontiert, brechen Einsamkeitsgefühle gnadenlos ans Licht. Wir fühlen uns gelähmt, hilflos und *»von Gott und der Welt verlassen«*.

Trennungsbetroffene, die als Kind zu früh und zu viel alleingelassen worden sind und keine Bindungssicherheit entwickeln konnten, reagieren besonders heftig auf das ungewohnte oder auch nicht gewollte Alleinsein. Frühe Verlassenheitserfahrungen können reaktiviert werden und die Betroffenen in ein Gefühl von kindlicher Hilflosigkeit und Angst versetzen. Diese Menschen können Einsamkeitsgefühle nicht in einen zufriedenen Zustand des Alleinseins umwandeln.

Je nach unseren Bindungserfahrungen und der aktuellen Lebenssituation können wir uns kurz- oder längerfristig und unterschiedlich heftig einsam fühlen. Die ersten Tage, Nächte und Wochen nach der räumlichen Trennung öffnen der Einsamkeit Tür und Tor, oft auch unerwarteterweise für denjenigen, der gegangen ist. Gerade an Wochenenden und langen Abenden wird die Zeit als endlos und die halbleere Wohnung mit all den Erinnerungsstücken als quälend erlebt. Erinnerungen und Fehlendes verstärken das Gefühl von Alleinsein. Die Wohnung oder das Haus, einst ein Ort der Gemeinsamkeit und Geborgenheit, wird zum Gefängnis, aus dem man fliehen möchte und doch bleiben will oder muss. Es ist, als wenn einem buchstäblich die Decke auf den Kopf fällt. Egal, wohin wir gehen, ob wir uns mit Freunden treffen oder beim Einkaufen sind, die Einsamkeit verfolgt uns wie ein Schatten. Dazu kommt, dass Freunde aus der gemeinsamen Zeit sich oft zurückziehen und uns dazu noch das Gefühl geben, nicht mehr interessant genug zu sein. Doch ihr Rückzug kann verschiedene Gründe haben:

→ Freunde sind in dem Zwiespalt, für wen sie Partei ergreifen sollen, gerade auch deshalb, weil der Verlassene es besonders am Anfang nicht erträgt, dass Verständnis für beide Seiten gezeigt wird.

→ Freunde sind durch ausschließliche Gespräche über die Trennung, durch Klagen und Schimpfen und für sie unverständlich lange Ablösungsprozesse überfordert.

→ Freunde haben Angst, dass in der eigenen Beziehung Krisen und Trennungsambivalenzen aktiviert werden könnten.

→ Freunde haben Angst, dass ein unglücklich Getrennter Liebessehnsucht hat und in die Beziehung eindringen könnte.

→ ....

Es wird deutlich, dass der Rückzug von gemeinsamen Freunden am wenigsten mit dem Trennungsbetroffenen und am meisten mit ihnen selbst zu tun hat. Das können wir in der Situation nicht so recht glauben, da wir aufgrund der Selbstwerteinbuße die eigene Bedeutung für andere herabstufen und in Gefahr sind, in Selbstmitleid zu versinken. *»Wer interessiert sich eigentlich noch für mich, wen kümmert es, ob ich lebe oder nicht, wer ruft mich eigentlich noch an?«* An diesem Punkt beginnen wir zu glauben, dass wir immer allein und einsam bleiben werden.

EMPFEHLUNG

Auch wenn es Mühe kostet, sprechen Sie die Freunde, die Ihnen persönlich wichtig sind, darauf an. Laden Sie eine Freundin oder einen Freund zu sich ein, einen Abend oder ein Wochenende mit Ihnen zu verbringen. So schwer es manchmal ist, versuchen Sie immer wieder bewusst über andere Themen als über Ihre Trennung zu sprechen. Es tut Ihnen und Ihrer ganzheitlichen Wahrnehmung gut. Sie sind mehr als eine getrennte Frau, als ein getrennter Mann. Außerdem ist die Zuhörbereitschaft auch noch so guter Freunde verständlicherweise begrenzt. Reden Sie nicht nur, sondern tun Sie etwas miteinander, was Ihre Aufmerksamkeit fordert und in eine andere Richtung lenkt. Setzen Sie sich am Anfang nicht mehr als unbedingt nötig dem Alleinsein aus. Es bleiben sowieso noch genug einsame Stunden.

Legen Sie sich für Zeiten, in denen der **»Einsamkeitsblues«** Sie überfallen könnte, vorsorglich einen **»Notfallkoffer«** zu. Nehmen Sie dazu eine ▶

Schachtel, in der Sie Zettel mit Ideen sammeln, was Sie tun können, wenn innere Unruhe und Einsamkeit Sie überfallen. Beispiele: Zettel mit Namen, die Sie jetzt anrufen oder kontaktieren können, ein Kinogutschein, den Sie jetzt einlösen, ein Schal, als Aufforderung, jetzt einen Spaziergang zu machen oder zu joggen, eine Idee, eine Verschönerungsarbeit in der Wohnung zu erledigen, ein Erinnerungszettel, in Ihr Tagebuch zu schreiben oder zu malen ...

Später, wenn Sie mehr und mehr gelernt haben, mit sich allein zu sein, ohne sich immer einsam zu fühlen, werden Sie sich unabhängiger von der Zuwendung und Nähe anderer erleben. Nur so haben Sie die Chance und die Freiheit, sich zu entscheiden, ob Sie zukünftig allein leben wollen oder in einer Beziehung – nicht, weil Sie es allein nicht aushalten, sondern weil Sie es gern wollen.

▶▶ *Beispiel: Gähnende Leere*

Frau G. hat in ihrem ganzen Leben noch nie allein gelebt. Jetzt hat ihr Mann sie verlassen. Die Kinder sind erwachsen, und das Haus und ihr Leben erscheinen ihr gähnend leer. Sie klagt über schlaflose Nächte und Verlassenheitsgefühle, die sie körperlich als Herzschmerzen spürt, verbunden mit einer starken Sehnsucht nach der Nähe zu ihrem Ex-Mann und ihren Kindern. Die Nächte und die Wochenenden fürchtet sie »wie der Teufel das Weihwasser«. Wir arbeiten heraus, in welchen Situationen der Einsamkeit »Tür und Tor geöffnet sind« und in welchen weniger oder überhaupt nicht. Anschließend findet Frau G. für sich eine Mischung aus Ablenkungsmöglichkeiten, Beschäftigungen und Kontakten, um das Ausmaß ihrer Einsamkeit zu reduzieren (nicht zu negieren). Nach vier Wochen bewusster Vermeidung von zu viel »Einsamkeitsfallen« kann sie mit weniger Angst und weniger Strenge ihre einsamen Gefühle zulassen und aushalten. Sie beginnt zunehmend, ihr Alleinsein zu akzeptieren und zu gestalten. »Ich bin der Einsamkeit nicht mehr hilflos ausgeliefert, weil ich dagegen etwas tun kann. Ich bin lieber einsam allein als einsam in der Beziehung.« Manchmal empfindet sie kurze Phasen der Zufriedenheit.

Zu diesem Zeitpunkt kann es hilfreich sein, die Wohnung, in der wir uns ja am meisten aufhalten, entsprechend der neuen Lebenssituation zu verändern und zu beginnen, unser »*eigenes Reich*« zu gestalten. Mit der Zeit und zunehmender Erfahrung im Umgang mit einsamen Stunden oder Tagen gewinnen wir Vertrauen, dass wir uns selbst genügen können, und halten Alleinsein besser aus. Hin und wieder können wir es sogar genießen, keine Verpflichtungen mehr dem anderen gegenüber und mehr Zeit für uns zu haben. Wir merken, dass es uns stärkt, wenn wir den Alltag allein bewältigen und mit Gefühlen der Einsamkeit zurechtkommen. Wir dachten, dass unsere Partnerin für uns lebensnotwendig und unersetzbar sei. Wir spüren, dass unsere Einsamkeit uns gelehrt hat, dass wir uns auf uns verlassen können, auch wenn wir uns von allen anderen verlassen fühlen. Wir ahnen, dass uns diese neu erworbene Fähigkeit in einer möglichen neuen Beziehung freier und unabhängiger machen wird.

EMPFEHLUNG

Beginnen Sie, in der Wohnung ganz bewusst persönliche Markierungen oder kleine Veränderungen vorzunehmen. Wenn Sie sich von Erinnerungsstücken, Fotos oder Bildern in der Wohnung noch nicht trennen können, kann es ein Schritt sein, die Dinge eine Zeit lang abzuhängen, umzudrehen und später wegzuräumen, zu verschenken oder zu entsorgen. Symbolisch kann das heißen: »Ich drehe dich um.« ... »Ich will oder kann dich nicht mehr sehen.« ... »Ich brauche Platz in meiner Wohnung, in meinem Herzen ... für Neues.« Die Leerstellen in der Wohnung symbolisieren auch die Leerstellen in Ihrem Herzen und in Ihrem Leben. Sie lassen sich nicht einfach übergehen und schließen.

Im Laufe der Zeit können Sie zum Beispiel ein leeres Zimmer in ein Gästezimmer umfunktionieren und sich hin und wieder vertraute Menschen einladen. Wollen Sie aus der Not eine Tugend machen, können Sie einem Vater oder einer Mutter, der/die das beim getrennten Elternteil lebende Kind in einer anderen Stadt besuchen will, einen kostenlosen Schlafplatz anbieten. Nebenbei könnten sich interessante Kontakte ergeben. Siehe: (http://www.mein-papa-kommt.de/ http://www.meine-mama-kommt.de/)

3.4 Flüchten oder standhalten

TROTZDEM
Trotze dem, was sagt
du bist nichts wert.
Trotze dem, was dich fühlen lässt
es sei zu viel.
Trotze dem, was dich nicht
leben lassen will.
Trotzdem es nichts helfen mag,
sage täglich, stündlich,
sage dir selbst:
Trotzdem sein
Trotzdem annehmen
Trotzdem leben
Trotz des Lebens
leben.
Das ist der Trotz
der Lebendigen.
Lena S.

Zeiten intensiver Gefühle machen uns verletzlich und dünnhäutig. Gerade im größten Leid begegnen wir uns selbst und manch guten Freunden so ungeschminkt und ehrlich wie nie zuvor. Wir sind schutzbedürftig. Manche Menschen ziehen sich dann zurück. Das ist berechtigt und notwendig, um sich von den emotionalen Turbulenzen zu erholen, sich selbst zu regulieren und sich zu stärken für das, was noch kommt.

Nehmen Sie sich zehn Minuten ungestörte Zeit und Ruhe für diese Übung. Sie wird Ihnen helfen, sich zu entspannen und aufzutanken.

VORSTELLUNGSÜBUNG: KRAFTQUELLE ◀

Setzen Sie sich bequem hin und schließen Sie die Augen. Lassen Sie jetzt die Vorstellung einer Kraftquelle kommen ... das kann eine angenehme

Landschaft oder ein Ort sein, ... alles, was Ihnen Kraft und Energie spendet. ... Nehmen Sie mit all Ihren Sinnen wahr ... spüren Sie die Kraft, die Sie daraus schöpfen.

Sie können die entspannende Wirkung verstärken, indem Sie gleich anschließend ein Bild dazu malen.

▶▶ *Beispiel: Wie lange kann ich das noch durchhalten?*

Frau O. hat sich von ihrem Partner getrennt, da sie die jahrelange Arbeitslosigkeit, »sein tägliches Herumhängen«, nicht mehr ausgehalten hat. Obwohl sie bisher mit ihrem Vollzeitjob die Familie mit zwei Kindern »über Wasser gehalten« hat, erschöpft sie die Belastung des getrennten Lebens zunehmend. Da ihr Partner vor der Trennung die Hauptbetreuung der Kinder innehatte und »wenigstens das gut gemacht hat«, fehlt ihr jetzt die Entlastung. Sie hat sich vorgenommen, alles allein zu schaffen und nicht mehr auf die Unterstützung des Partners angewiesen zu sein. Deshalb hat sie die Besuchsregelung des Vaters so knapp wie rechtlich möglich festgelegt. Sie merkt, dass die Kinder unter dem reduzierten Kontakt zum Vater leiden. Frau O. selbst hat ihre Belastungsgrenze überschritten. Sie ist im Job weniger leistungsfähig und erschöpft, es droht ein Burnout. Sie ist kurz davor, in die Beziehung zurückkehren zu wollen, da sie keinen anderen Ausweg mehr sieht. »Zurückkehren in die alte Situation ohne Aussicht auf Veränderung, nur weil ich es allein nicht schaffe?« Frau O. lässt sich auf die Frage ein, ob sie denn wirklich alles allein schaffen müsse. Wir erarbeiten mögliche Unterstützungen von außen, von der Nachbarschaftshilfe bis zur Mutter-Kind-Kur und der zeitlichen Ausdehnung der väterlichen Betreuung. Frau O. bleibt auf ihrem Trennungsweg.

Phasen der Niedergeschlagenheit gehören zum Trennungsprozess immer wieder dazu und folgen häufig auf Zeiten heftiger innerer und äußerer Auseinandersetzungen. Die ersten Stürme sind vorbei, und es ist plötzlich still. Erschöpfung und Leere breiten sich aus und führen nicht selten in den Rückzug:

→ Wann bedeutet der Rückzug Zeit zum Atemholen und zum Standhalten?

→ Wann ist der Rückzug eine Flucht nach hinten, in die Opferrolle, in die Hilflosigkeit, in die Aufgabe, Sucht oder Depression?

→ Wann ist der Rückzug eine Flucht ins Nirgendwo, in eine übereilte neue Beziehung oder in sexuelle Abenteuer?

→ Wann bedeutet der Rückzug Eintauchen in negative Gedankenspiralen und destruktive Muster?

EMPFEHLUNG:

Dauert Ihr innerer und äußerer Rückzug mehrere Wochen, beschäftigen Sie sich nur mit der Vergangenheit, Ihrem Schmerz und den Zukunftssorgen, entwickeln Sie Suchttendenzen, vernachlässigen Sie sich innerlich und äußerlich, Ihre Kinder, Ihre Freunde und Ihre Gewohnheiten, stimmt etwas nicht. Sie brauchen therapeutische Hilfe in Einzel- oder Gruppensitzungen, um die Trennung zu bewältigen. Es kann sein, dass Sie einen Ihrer emotionalen Tiefpunkte erreicht haben.

Jeder von uns hat gelernte Muster, wie wir in schwierigen Situationen mehr oder weniger automatisch wahrnehmen und denken. Überprüfen Sie im Folgenden Ihre persönliche Tendenz, in Belastungssituationen zu denken:

Schwarzsehen

Dann ist unsere Blickrichtung eingeschränkt wie in einem Tunnel. Wir nehmen nur einen Teil unserer Realität wahr, nämlich das Negative. Positives wird herausgefiltert, die Aufmerksamkeit hängt sich geradezu an allem Problematischen auf, statt nach Lösungen zu suchen. »*Ich werde keine Arbeit finden, ich bin zu alt, mein Abschluss reicht nicht, ich werde lauter Absagen bekommen, die Kinder werden auf die schiefe Bahn geraten, ich werde im Alter arm sein ...*«

Über- und untertreiben

Dann geben wir den Ereignissen und Dingen mehr Bedeutung, als sie tatsächlich haben – im Positiven wie im Negativen. Schon in der Planung einer Idee oder eines Vorhabens überwiegen der Zweifel und die

Annahme, dass etwas schiefgehen könnte: Eine verlorene Uhr wird zu einer Katastrophe, ein kleines Missgeschick zu einem unverzeihlichen Fehler, eine Verspätung zu einem verdorbenen Abend. Oder umgekehrt: Eine Höchstleistung wird zu einer normalen Leistung, die bisherige Trennungsleistung wird als nichts erlebt im Vergleich zu anderen oder zu dem, was noch erwartet wird. Das, was gelungen ist, nehmen wir nicht wahr oder spielen es massiv herunter.

Verallgemeinern

Ein einzelner Vorfall bleibt nicht das, was er ist, nämlich einzeln. Es bildet sich in uns innerlich die Vorhersage, dass es mit Sicherheit immer so sein wird, dass andere auch so denken, dass andere es auch so machen, dass eine verspätete Unterhaltszahlung zukünftig immer verspätet sein wird, dass unsere Partnerin immer schon unpünktlich war und bleiben wird, dass unser Kind wie alle Scheidungskinder eine lebenslange Störung davontragen wird ... Worte wie *man, immer, nie, noch nie* usw. unterstreichen unsere Behauptung.

Polarisieren

Unser Fühlen, Denken und Handeln bewegt sich zwischen entweder – oder, schwarz oder weiß. Für Zwischentöne bleibt kein Raum. Der Tag war entweder *superschön* oder *saublöd*. Deuten wir die Realität in Extremen, fühlen und verhalten wir uns auch so, von »*himmelhoch jauchzend*« bis »*zu Tode betrübt*«. Wir leben und lieben von ekstatisch bis erlahmt. Mittelmäßigkeit kennen wir nicht. Auch von den anderen erwarten wir »hopp oder topp«, »*Wenn du mich nicht mit Haut und Haaren liebst, liebst du mich gar nicht.*« ... »*Wenn du dich nicht an die Besuchsregel hältst, brauchst du gar nicht mehr zu kommen.*«

Gedanken lesen und hellsehen

Wir sind uns sicher, die Gedanken des anderen zu kennen, bevor sie ausgesprochen sind, natürlich bevorzugt die negativen. Genauso machen wir uns ein Bild, fällen Urteile über den anderen und hinterfragen unsere Annahme nicht. Damit reagieren wir auf unser gemachtes Bild und nicht auf die Person. Außerdem sind wir überzeugt zu wissen, was der andere über uns denkt.

Vergleichen

Wir denken, dass alles, was um uns herum passiert, mit uns zu tun hat und nehmen schnell etwas persönlich. Wir nehmen uns einerseits extrem wichtig, sind aber gleichzeitig unsicher und in Gefahr, uns ständig zu vergleichen, je nach Persönlichkeitsstil nach oben oder nach unten.

Gerade in schwierigen Zeiten greifen wir gern zu Mustern, die vertraut, jedoch nicht wirklich hilfreich sind. Deswegen ist es notwendig, Einstellungen und Denkmuster immer wieder an der Realität zu überprüfen. Lassen Sie sich nicht in einen Sog von negativen Gedanken, Herabminderungs- und Rückzugstendenzen ziehen. Vielleicht sind Sie in der Talsohle angekommen. Dann kann es mit kleineren Rückschlägen nur noch aufwärts gehen. Es ist wichtig, dass Sie wahrnehmen, wie Ihre aktuelle Situation ist. Um Ihre Wirklichkeit zu begreifen, müssen Sie genau hinschauen. Starke Belastungen und Ängste versperren zeitweise den Zugang zu einem ganzheitlichen Blick und den eigenen Ressourcen. Auch wenn es am Anfang schier unmöglich erscheint, richten Sie Ihren Blick nicht nur auf den Verlust und den Berg an Anforderungen, sondern auch auf das, was gut geht und was Sie schon geschafft haben. Anerkennen Sie Ihre bisherige Trennungsleistung.

Trennungswege verlaufen nicht geradlinig. Wir müssen mit Rückschlägen rechnen: *Wir nehmen eine falsche Richtung und kehren um, wir stolpern über irgendetwas und stehen wieder auf, wir verausgaben uns und halten inne, wir verlieren die Orientierung und finden neue Ziele, wir wollen endlich ankommen und brauchen Geduld, wir verlieren unsere Hoffnung und gewinnen Zuversicht ...*

Gerade jetzt, wo es ums Standhalten geht, brauchen Sie viel positiven Zuspruch von sich selbst und *»selbstverstärkende Maßnahmen«*. Um auf Ihrem Weg nicht von negativen Denkmustern und Resignation eingeholt zu werden, können Sie etwas dagegensetzen – *die Zuversicht.*

Geben Sie Ihrer Zuversicht wieder Raum.

▶ **ÜBUNG:** MEINE ZUVERSICHT

Anleitung:

Sie fühlen sich manchmal hin- und hergerissen zwischen Aufgeben und Standhalten. Sie werden es schaffen! Geben Sie Ihrer Zuversicht wieder mehr Raum. Dazu stellen Sie sich bitte einen Zahlenstrahl von 0 bis 10 vor. Null bedeutet der Tiefpunkt, zehn das höchste Maß an Zuversicht. Setzen Sie sich mit folgenden Fragen auseinander:

Welchen niedrigsten und welchen höchsten Wert Ihrer Zuversicht haben Sie in der letzten Zeit erreicht?

Welche Gedanken und Gefühle tauchen in Ihnen auf, wenn Sie sich an den Zeitpunkt Ihres höchsten Wertes erinnern.

Versuchen Sie, sich jetzt an den Zeitpunkt Ihres niedrigsten Wertes zu erinnern?

Wo befinden Sie sich momentan auf diesem Zahlenstrahl?

Warum nicht weiter unten?

Was müssten Sie denken oder tun, um weiter nach unten zu kommen? (Verrückte Frage, aber wir wissen oft besser, wie wir unsere Zuversicht vertreiben als vermehren können.)

Was müsste passieren, damit Sie sich weiter oben sehen können?

Was können Sie konkret dazu beitragen, dass Ihr »Zuversichtswert« steigt?

Woran würden Sie merken, dass Sie sich zuversichtlicher fühlen?

Wer würde es noch bemerken?

Notieren Sie für einen Monat jeweils zur gleichen Zeit am Abend Ihren täglichen Wert in ein Koordinatenkreuz. Sie werden überrascht sein, was Sie sehen.

Jetzt geht es darum, Ihre eigenen Kräfte und Ressourcen zu mobilisieren, um den weiteren inneren und äußeren Anforderungen im Trennungsprozess standzuhalten. Schon am Anfang des Buches haben Sie die Anregung gelesen, sich Ihrer eigenen Stärken bewusst zu werden und diese »*einzusammeln für schwierige Zeiten*«. Je nachdem, wie zehrend und belastend Sie Ihren bisherigen Trennungsweg erlebt haben, kann es hilfreich sein, sich erneut auf die eigenen Möglichkeiten zu besinnen. Gönnen Sie sich eine Auszeit und erinnern Sie sich an Ihre Fähigkeiten und Potentiale, die Ihnen bisher geholfen haben, schwierige Lebenssituationen zu meistern.

VORSTELLUNGSÜBUNG: REISE ZU DEN EIGENEN STÄRKEN ◀

Wählen Sie eine Zeit aus, in der Sie ungestört sind und Muße für eine Entspannungsübung haben. Setzen Sie sich bequem hin und führen Sie die kurze Körperentspannungsübung durch. Anschließend folgen Sie Abschnitt für Abschnitt den Anweisungen.

Anleitung:

Atmen Sie ein paar Mal tief ein und aus und stellen Sie sich dabei vor, alles Störende loszulassen. Wandern Sie nun mit Ihrer Aufmerksamkeit durch Ihren Körper ... nach und nach vom Gesicht bis zu den Fußspitzen ... beim Ausatmen begleitet von den inneren Worten: Loslassen und Entspannen.

- Gehen Sie nun mit Ihren Gedanken und Gefühlen zurück in verschiedene Situationen Ihres Lebens, in denen Sie sich zufrieden ... glücklich ... stark ... selbstbewusst ... sich einfach wohl in Ihrer Haut gefühlt haben. ... Lassen Sie sich Zeit, verschiedene Situationen in Ihrer Erinnerung aufzusuchen, in denen Sie im Vollbesitz Ihrer persönlichen Kraft und Stärke waren.
- Suchen Sie sich nun von den erinnerten Situationen drei aus, in denen Sie aus eigener Kraft etwas dazu beigetragen haben, sich besonders fähig und stark zu fühlen. ...
- Aus diesen drei Situationen wählen Sie jetzt eine für Sie persönlich besonders wichtige Situation aus, in der Sie aus eigener Kraft etwas dazu

beigetragen haben, sich in Ihrer persönlichen Art und Weise besonders stark, fähig und gut zu fühlen.

- Nehmen Sie wahr, welche Gefühle auftauchen und wie Sie Ihren Körper empfinden, wie Sie sich in dieser Situation persönlich stark fühlen. ... Schauen Sie sich selbst im Erleben Ihrer eigenen Stärke zu, ... wie Sie handeln, wie Ihr Gesicht, Ihre Körperhaltung von außen aussehen ... wie sich Ihre Stimme anhört. ... Lassen Sie sich Zeit, zu hören, zu spüren, zu sehen, vielleicht auch zu riechen, welche Wahrnehmungen mit dieser kraftvollen Situation verbunden sind, ... und was Sie selbst dazu beigetragen haben, sich in dieser Situation im Vollbesitz Ihrer positiven Eigenschaften, Fähigkeiten und Stärken zu fühlen.
- Nachdem Sie diese Übung langsam ausklingen lassen, suchen Sie sich einen symbolischen Gegenstand, der Sie stellvertretend an Ihre persönlichen Stärken erinnern wird. Bewahren Sie diesen Gegenstand, es kann auch ein stärkender Satz sein, eine Zeit lang für Sie sichtbar in Ihrer Wohnung auf.

Haben Sie sich an Ihre Fähigkeiten und Stärken aus früheren Situationen erinnert, kennen Sie Ihr Potenzial, auf das Sie zurückgreifen können? Doch genug mit dem Rückblick. Ständiger Rückblick verhindert den Ausblick. Alles, was jetzt zählt, worauf Sie Einfluss haben und sich verlassen können, sind Ihre Stärken und Fähigkeiten, die Sie aktuell mobilisieren können. Welche Ressourcen und Kraftquellen stehen Ihnen trotz der schwierigen und manchmal hoffnungslos erscheinenden Situation aktuell zur Verfügung?

▶ **ÜBUNG:** EINE FRAGE FÜR JEDEN TAG UND ANTWORTEN, DIE MICH WEITER-
BRINGEN ...

Nehmen Sie sich Zeit und beantworten Sie folgende Fragen in Ihrem Tagebuch. Wählen Sie den Weg der kleinen Schritte und setzen Sie sich täglich nur mit einer Frage auseinander. Es wird Ihnen helfen, Ihre verschütteten Ideen zu aktivieren und herauszufinden, was Sie selber lösen können und wozu Sie Hilfe von außen brauchen:

- In welcher ähnlich schwierigen Situation in meinem bisherigen Leben ist es mir schon mal gelungen, aus vorübergehender Aussichtslosigkeit neuen Mut zu finden?

- Welche besonderen Stärken und neue Eigenschaften könnte die Trennung in mir in drei Jahren mobilisiert haben?
- Wenn ich meinen Alltag betrachte, was genau bekomme ich trotz meiner schwierigen Situation gut hin?
- Worüber habe ich mich in den zurückliegenden Tagen gefreut?
- In welchen Situationen fühle ich mich lebendig und stark?
- Wer in meinem Umfeld würde es woran bemerken?
- Auf welche Fähigkeiten und Kompetenzen, die ich bereits vor meiner Ehe hatte, kann ich jetzt sicher zurückgreifen?
- Wozu genau werde ich meine Stärken jetzt einsetzen? (Notieren Sie, was Sie jetzt bewältigen wollen oder welche Probleme Sie aktuell lösen werden. Erstellen Sie dazu eine Liste und ordnen Sie zu: SOFORT – IN DIESER WOCHE – SPÄTER – erledigen.)
- Was werde ich selbst bewältigen?
- Wozu und von wem werde ich mir Hilfe holen?
- Welche Kontakte tun mir im Moment besonders gut?
- Wer hat im Moment am meisten Verständnis für mich?
- Welche Form der Unterstützung meiner Eltern oder meiner Freunde ist mir im Moment besonders wertvoll?
- Was genau werde ich tun, damit meine Bedürfnisse und Wünsche im Alltag mehr Raum bekommen?

Oft sind gerade wesentliche Bereiche der eigenen Fähigkeiten dem Partner oder der Familie zuliebe aufgegeben worden und müssen jetzt neu aktiviert oder auch erst entdeckt werden. Hierbei geht es um ein schmerzliches, aber auch lohnendes Um- und Neulernen. Frauen benötigen oft Orientierung auf der Ebene der Sachfragen, Männer auf der Ebene der Beziehungskompetenzen. So ist es für beide zunächst ungewohnt und verunsichernd, allein in ein Restaurant, ins Kino oder ins Theater zu gehen. Gleichzeitig ist es unerlässlich, neue Erfahrungen zu wagen. Die Wiedererlangung von emotionaler Stabilität, Kontrolle und Selbstbewusstsein sind wichtig, um die

Krise für eine persönliche Entwicklung nutzen zu können. Mit der Wiederentdeckung verschütteter oder nicht mehr gelebter Fähigkeiten und Kompetenzen wächst unser Vertrauen in die Vollständigkeit unserer eigenen Person. Das bedeutet nicht, dass wir perfekt sein und alles allein schaffen müssen. Es bedeutet vielmehr, dass wir trotz aller Widrigkeiten nicht verzagen und im Alltag auf eine gute Selbstfürsorge achten, um zu unterscheiden, was wir selbst können und wozu wir Hilfe brauchen.

▶ **ÜBUNG:** GANZ TIEF IN MIR IST ETWAS HEIL GEBLIEBEN ...

Suchen Sie sich einen symbolischen Gegenstand in der Wohnung, in der Natur oder ein Bild, welches für den Teil in Ihnen steht, der unversehrt und heil geblieben ist. Bewahren Sie diesen Gegenstand oder das Bild eine Zeit lang auf als sichtbares Zeichen Ihres inneren unversehrten Kerns. Nur Sie wissen, was es für Sie bedeutet.

EMPFEHLUNG:

Auch wenn Sie sich aktiv und selbst entschlossen getrennt haben, brauchen Sie Zugang zu Ihren Kraftquellen und müssen vieles neu erlernen oder verschüttete Fähigkeiten wiederbeleben. Ungewohnte Stärke und Forderungen Ihrer Ex-Partnerin/Ihres Ex-Partners könnten Ihre Hoffnung auf eine gütliche Trennung trüben. Ein eher kühler und sachlicher, manchmal auch konfrontativer Umgangston kündigt sich an und ist ein Zeichen dafür, dass Sie sich voneinander lösen.

3.5 Festhalten oder loslassen

Die Zeit schreitet voran und damit auch der Prozess des Loslassens, um innerlich frei voneinander zu werden. Die notwendige Neuorientierung kann nur durch innere Entwicklung erfolgen. Erst dann ist eine positive Bewertung der neuen Situation möglich. Prioritäten werden neu gesetzt, und das Leben findet einen neuen Sinn. Dazu passt der Titel eines Filmes: »Wandelmut«. Auch Sie brauchen »Wandelmut«, Mut zum Wandel, um Ihren inneren und äußeren Trennungsprozess voranschreiten zu lassen. *»Ich will es schaffen, zufrieden allein leben zu können, was danach sein wird, ist alles offen.«*

Möglicherweise haben Sie die Auflösung des gemeinsamen Haushaltes gut hinter sich gebracht und die finanziellen Angelegenheiten für die Trennungszeit mit oder ohne Mediator/Anwalt geregelt. Jeder richtet sich mit mehr oder weniger Mühe und Blessuren auf ein eigenes Leben mit oder ohne Kinder ein. Es ist klar, dass Sie getrennte Wege gehen, es kann aber noch unklar sein, ob Sie sich scheiden lassen werden oder nicht. Jetzt verwandelt sich die an Intimität und Gefühlen orientierte Paarbeziehung in eine vorwiegend sachlich orientierte Personenbeziehung. Es geht darum, zum getrennten Partner eine funktionale Beziehung aufzubauen. Bestenfalls gelingt es Ihnen, die Abwicklung der Trennung oder Scheidung als ein letztes gemeinsames Projekt zu gestalten.

Auch wenn Sie sich langsam an den neuen Alltag gewöhnen, vielleicht auch feststellen, dass es Tage gibt, an denen Sie sich zufrieden fühlen und ohne einander auskommen, geraten Sie unweigerlich an den Punkt, an dem Sie merken: *»Jetzt ist es an der Zeit zu entscheiden, ob ich emotional weiterhin festhalten oder wirklich loslassen will, ob ich meiner/m Ex und meinem Beziehungsideal die Treue halten will oder nicht.«*

Paare mit Kindern erleben es als ungleich schwerer, voneinander zu lassen, *»da wir doch ständig wegen der Kinder in Kontakt sein müssen«.* Müssen Sie das wirklich? Täglich, ständig telefonieren und über das reden, was in der Schule oder im Kindergarten passiert oder nicht passiert ist? Kann es nicht auch ein unbewusster Versuch sein, miteinander in Kontakt zu bleiben, ein schlechtes Gewissen auszugleichen oder den anderen zu kontrollieren? Nur Sie selbst kennen die Antworten. Diese sind für Sie wichtig, damit Sie wissen, wo Sie stehen. Es ist völlig normal, noch nicht wirklich gelöst zu sein. Sie werden sich fragen: *»Wie verbunden bin ich eigentlich noch oder wie gelöst bin ich schon?«* Das Fortschreiten der emotionalen Trennung ist nicht nur für die Erwachsenen, sondern auch für das Wohlbefinden der Kinder wichtig. So wie Eltern es nach und nach schaffen, sich als getrennt oder geschieden zu definieren, werden auch die Kinder die Situation nicht mehr als so bedrückend oder unheilvoll erleben und sich stabilisieren.

Die Rolle des Getrennten ist noch neu und in der Regel von einem nicht freiwillig erworben. Sie fragen sich: »*Wer bin ich jetzt eigentlich, wenn ich nicht mehr die bin, die ich mal war, und noch nicht die, die ich gerade werde?*« Sie fühlen sich im Übergang, so, als wenn sie sich häuten. In diesen Phasen erleben sich viele ungeschützt und verletzlich. Gleichwohl merken sie, dass etwas Neues, eine neue Haut entsteht; die Identität wandelt sich.

Obwohl die Rolle der Getrennten oder Geschiedenen ungewohnt und ungeliebt ist, kreisen unsere Gedanken und Gefühle anfangs nur um diesen neuen Zustand. Wir haben uns einen Tunnelblick zugelegt. Andere, bereits vorhandene Rollen, Lebensbezüge, Eigenschaften und Fähigkeiten oder auch neu erworbene Rollen oder Kompetenzen nehmen wir zu wenig wahr. So kann es sein, dass wir inzwischen Tante oder Onkel, Großmutter oder Großvater, Abteilungsleiter oder Chefin, Koch oder Handwerkerin, neue Freundin oder Freund, Spaziergänger oder Kirchgängerin, Kartenspielerin oder Puppenspieler, Liebhaber oder Liebhaberin geworden sind ... und es gar nicht mehr realisieren, was alles, außer der Rolle der Getrennten, zu uns als Person dazugehört.

▶ **ÜBUNG:** ICH BIN GETRENNT, WER ODER WAS BIN ICH NOCH?

Sie sind auf dem Weg zu lernen, sich als getrennt oder bereits geschieden zu definieren. Nehmen Sie ein großes Blatt Papier und schreiben Sie in die Mitte mit Ihrer Lieblingsfarbe und großen Buchstaben Ihren Vornamen. Nun gestalten Sie Ihr Bild, indem Sie irgendwo auf dem Blatt »getrennt« schreiben. Anschließend sagen Sie immer wieder laut den Satz **»Ich bin getrennt, wer oder was bin ich noch?«** und schreiben alle Ihre zusätzlichen Rollen, Eigenschaften, Tätigkeiten und Fähigkeiten dazu. Zum Schluss verbinden Sie alle Begriffe mit einer Linie.

Beispiel:

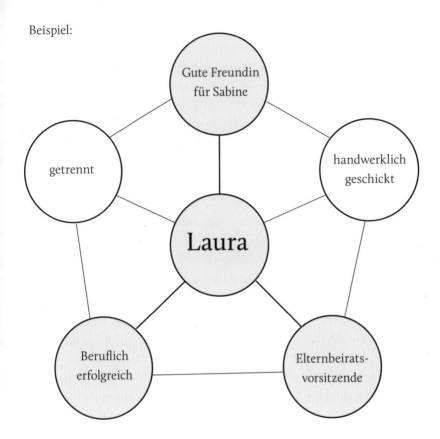

Das alles sind Sie und noch mehr

Meistens dauert die emotionale Lösung nach einer Trennung mehrere Jahre. Auch eine kurze, intensive Beziehung, die von einer starken Idealisierung, symbiotischer Verschmelzung und Aufwertung des Selbst geprägt war, kann schwer aufgegeben werden, da sie das Selbst stabilisiert hat. Entsprechend der Idealisierung und Aufwertung folgen in der Trennung massive Abwertungen und Schuldzuweisungen. Loslassen ist ein gedanklicher und gefühlsmäßiger Prozess und erfordert Trauerarbeit, aber auch eine kognitive Entscheidung. Denken Sie an die banale, aber folgerichtige Aussage: *Wer loslässt, hat die Hände frei.*

Stellen Sie sich vor, Sie gehen heute Abend zu Bett und in der Nacht geschieht ein kleines Wunder: Sie wachen am Morgen auf und haben die Gewissheit, dass Sie von Ihrem Partner/Ihrer Partnerin emotional gelöst sind. Sie sind frei. Welche Gefühle nehmen Sie wahr? ... Was tun Sie als Erstes? ... Wer wird es als Erster bemerken, dass Sie emotional gelöst sind? ... Woran? ... Wie gestalten Sie Ihren ersten »Geburtstag in emotionaler Freiheit«? Nehmen Sie sich Zeit für Ihre auftauchenden Bilder und Gefühle. Sie sind Wegweiser für Ihre weitere Loslösung:

Achten Sie in der nächsten Woche darauf, wie die Tage aussehen, an denen Sie sich wenig bis gar nicht mit Ihrer Trennung beschäftigen. Womit beschäftigen Sie sich stattdessen?

Gut gemeinte Ratschläge wie *»Du musst endlich loslassen«* oder *»Sie hat es nicht verdient, dass du dich so lange mit ihr beschäftigst«* sind leichter gesagt als umgesetzt. Lassen Sie sich nicht drängen. Jeder hat sein eigenes Tempo. Zudem ist es notwendig, sich erst einmal bewusst zu werden, woran noch festgehalten wird und was genau losgelassen werden will. Und noch eine wichtige Überlegung: Wird es sich überhaupt lohnen, ohne das Zurückgelassene auszukommen?

▶▶ *Beispiel: Ich bleibe, was ich bin, verbittert ...*

Herr K. hat sich auch drei Jahre nach der Scheidung von den Folgen einer für ihn desaströsen Trennung nicht erholt. Er ist mittlerweile berentet und lebt zurückgezogen in einer kleinen Wohnung. Er ist innerlich verbittert und ungelöst. »Sie hat mir meine Zukunft genommen.« ... »Sie ist weg, aber sie kann mich nicht einfach ignorieren, ich bleibe, was ich bin, der Vater ihrer Kinder« ... »Ich schreibe ihr zum Geburtstag und gratuliere ihr wie früher zum Muttertag« ... »Meine Kinder kommen nicht mehr so oft, aber wenn sie da sind, erzähle ich ihnen, wie schön es früher war, damit sie es nicht vergessen.« ... »Ich werde ihren Schritt nie akzeptieren und ihr auf immer dafür böse sein.«... »Wenn es ihr mal ganz schlecht geht, dann wird sie es bereuen.«

Loslassen gelingt dann am besten, wenn wir wieder Vertrauen zu uns selbst gewinnen und daran glauben, dass wir trotz des Verlustes des Partners und der gemeinsamen Zukunft ausreichend eigene Potenziale haben, um wieder glücklich zu werden. Die meisten von uns haben bereits Trennungen und schmerzvolle Abschiede hinter sich. Manche haben sie nur überlebt und weiter funktioniert, ohne zu trauern, manche haben sich wirklich gelöst und sind daran gewachsen.

ÜBUNG: ICH LASSE LOS – SCHRITT FÜR SCHRITT ◀

Gehen Sie mit Ihrer Aufmerksamkeit nach innen und lassen Sie in Ihrer Vorstellung die Erinnerung einer gelungenen Ablösung von einem Menschen kommen, der Ihnen sehr wichtig war. ... Was genau hat Sie damals mit diesem Menschen verbunden? ... Was machte damals die Loslösung notwendig? ... Lassen Sie nun Bilder und Erinnerungen auftauchen, wie Sie sich immer mehr von diesem geliebten Menschen gelöst haben. ... Wer oder was hat Ihnen damals geholfen, sich zu lösen? ... Welche eigenen Schritte oder Handlungen waren zu Ihrer inneren Lösung notwendig? ... Erinnern Sie sich jetzt an den Zeitpunkt, als Sie bemerkten: Jetzt bin ich wirklich gelöst. ... Woran haben Sie es gemerkt? ... Welche Gefühle nehmen Sie jetzt wahr? ... Verabschieden Sie sich langsam aus Ihrer Vergangenheit und kommen Sie mit Ihrer Aufmerksamkeit in die Gegenwart zurück.

Beantworten Sie folgende Fragen:

- Von welchen Gefühlen, Gedanken, Verhalten, Hoffnungen konnte ich mich bis jetzt lösen oder verabschieden?
- Zu wie viel Prozent habe ich bereits aufgehört, meine Ex-Partnerin zu lieben oder zu hassen?
- Wer oder was hat mir dabei geholfen?
- Wovon werde ich mich sicher in der nächsten Zeit noch nicht verabschieden? Wo hänge ich noch fest?
- Habe ich mich von meiner »Rolle als verheiratete/r Frau/Mann« bereits verabschiedet?

- Was müsste ich vorher noch erledigen?
- Wovon genau werde ich mich in der nächsten Zeit ziemlich sicher verabschieden?

EMPFEHLUNG

Sind Sie auf gutem Weg, Vergangenes loszulassen, helfen kleine Rituale, Veränderungen zu markieren und Lösungsschritte zu festigen. So können Sie mehrmals am Tag erst leise, dann immer lauter sagen: »Ich lasse dich los!« Lassen Sie Gefühle wie Tränen und Zorn zu. Vielleicht fällt Ihnen konkret ein, wovon Sie sich schon verabschiedet haben.

▶▶ *Beispiele:*

Herr N. findet noch ein Paar rote Pumps seiner Ex und stellt diese eine Zeit lang vor seine Tür. Als sie die Kinder abholen will, denkt sie, die Schuhe laden sie ein, hereinzukommen, bis er erklärt, dass es genau das Gegenteil bedeute, nämlich: »Geh weg, du bist draußen.«

- *Herr S. legt seinen Ehering in eine Schachtel und schnürt sie fest zu.*
- *Frau L. beginnt einen Abschiedsbrief zu schreiben.*
- *Frau M. beginnt, ihre persönlichen Geschenke von ihrem Ex zu sichten: »Welche will ich behalten, welche verschenken, vernichten, welche ihm zurückgeben?«*
- *Frau Z. legt sich eine Schachtel an mit der Überschrift: VORBEI. Immer, wenn Sie spürt und entschieden ist, etwas aus der Vergangenheit loszulassen, notiert sie es auf einen Zettel und legt es in die Schachtel. Nach einer bestimmten Zeit geht sie zu ihrem Lieblingsplatz am Flussufer, liest sich jeden Zettel noch einmal laut vor, zerreißt ihn und übergibt ihn der Strömung. Einen Zettel nimmt sie wieder mit und will ihn noch ein bisschen behalten: »Mein Zorn auf dich.«*

EMPFEHLUNG

Es kann sein, dass Sie in Ihren Gedanken oder in Ihrem Tagebuch schon einige Abschiedsbriefe begonnen haben. Schreiben Sie ihn so zu Ende, wie es jetzt für Sie stimmt. Sollten für Sie noch zu viele Fragen offen sein, warum Ihre Beziehung gescheitert ist, können Sie sich von dem verabschieden, was Ihnen schon möglich ist. Wollen Sie zu diesem Zeitpunkt nicht nur Ihre emotionale Lösung voranbringen, sondern auch aufhören, über Ihre vergangene Beziehung nachzudenken, ist eine abschließende »Beziehungsrückschau« hilfreich (siehe Seite 141)

ÜBUNG: WAS ICH DIR NOCH SAGEN WOLLTE ... ◄

Nehmen Sie sich ungestörte Zeit und beginnen Sie, einen Abschiedsbrief an Ihre/n Ex-PartnerIn zu schreiben. Diesen Brief sollten Sie so ungefiltert, wie Sie schreiben, **nicht abschicken**. Schreiben Sie alles auf, was Sie noch sagen wollen, so ungebremst, wie die Gedanken und Gefühle aus Ihnen herausdrängen: der Zorn, die Enttäuschung, die Vorwürfe. ... Dazu gehören sicher auch die Liebeserlebnisse, die in Ihnen »gespeichert« bleiben und von denen Sie sich trotzdem für Ihr jetziges Leben verabschieden müssen. Rechnen Sie damit, dass Sie nochmals Schmerz, Trauer und Zorn erleben. Es hilft Ihnen, sich emotional zu lösen. Wenn Sie alles »gesagt« (geschrieben) haben oder es Ihnen für heute reicht, lassen Sie den Brief eine Woche lang liegen und lesen ihn dann noch einmal durch. Filtern Sie heraus und notieren Sie, wovon Sie sich bereits endgültig verabschieden konnten, und entscheiden Sie, was mit dem Brief passieren soll.

Sind Sie bereit zum Loslassen, kann folgendes Ritual oder ein anderes von Ihnen kreiertes hilfreich sein.

ÜBUNG: ICH ENTSCHEIDE MICH, LOSZULASSEN ... ◄

Sie können das Verabschieden und Loslassen von Gedanken, Gefühlen, Handlungen, Hoffnungen mithilfe eines kleinen Rituals festigen. Schreiben Sie das, was Sie jetzt endgültig loslassen, auf einen Zettel. Diesen zerreißen oder zerknüllen Sie im Bewusstsein Ihrer Entscheidung und verbrennen oder zerstreuen ihn in einem Fluss. Dabei sagen Sie laut, was Sie jetzt loslassen.
Anschließend sagen Sie laut und schreiben auf, welchen Dingen, Tätigkeiten, Eigenschaften oder Verhaltensweisen Sie jetzt Raum geben

werden. Wiederholen Sie dieses Ritual immer dann, wenn Sie breit sind, weiteres Überkommenes loszulassen.

Besonders emotional besetzte Erinnerungen bleiben, andere verblassen, und Bindungsgefühle werden schwächer. Hin und wieder werden wehmütige Gefühle über das Verlorene wach, denn es gab ja durchaus Gutes und Unwiederholbares in der Beziehung. Die innere Ablösung schreitet voran. Der getrennte Alltag wird vertrauter, erste neue Gewohnheiten bilden sich heraus und stabilisieren die Psyche. *»Ich genieße es mittlerweile, mich nach der Arbeit nur um mich kümmern zu können.« ... »Ich gehe jetzt regelmäßig in meine Sportgruppe.« ... »Ich habe mir eine kleine Katze angeschafft und freue mich, wenn sie mich abends empfängt.« ... »Durch den neuen Job habe ich zwar weniger faktische Zeit mit den Kindern, aber die Zeit, die wir haben, ist kostbarer und alles läuft geordneter ab.« ... »Meine Freunde, alte und neue, sind mir wichtiger als je zuvor.«*

Sie werden feststellen, dass Sie zwar noch nicht am Ende des Trennungsprozesses angekommen sind, dass Sie aber durch Ihre Trauerarbeit sowie durch Ihr Handeln im Alltag und durch Ihre Entscheidung, sich aktiv an die neue Lebenssituation anzupassen, ein Stück weitergekommen sind. Vermutlich sind Ihre Gefühle nicht mehr so heftig und die Zeit, die Sie mit Grübeln über Ihre Vergangenheit verbracht haben, nutzen Sie jetzt zum Handeln. Sie werden bemerken, dass Sie häufiger Entscheidungen fällen, die Ihren eigenen Interessen und Ihrem Vergnügen dienen. *»Es ist, als wenn ich langsam wieder auftauche – wie aus einer anderen Welt.«*

Viele Betroffene stellen in dieser Phase fest, dass sie sich nicht mehr gegen die Trennung wehren müssen, und kommen Schritt für Schritt bei sich an – vielleicht mehr als je zuvor. Vielleicht haben auch Sie im Laufe des Trennungsprozesses die Intensität und Vielfalt Ihrer Gefühlswelt kennen- und schätzen gelernt. Das eröffnet neue Wege in der Beziehung zu sich selbst und zu anderen Menschen. Bisher ungelebte Bedürfnisse und Fähigkeiten werden wach.

▶▶ *Beispiele:*

- *Frau L.: »Im Nachhinein bin ich ihm fast dankbar, dass er gegangen ist. Wenn alles so weitergegangen wäre, hätte ich zwar eine gute Versorgung gehabt, ich wäre aber immer bequemer geworden und hätte mein Studium bestimmt nicht wieder aufgenommen. Jetzt bin ich stark gefordert, aber selbstbestimmt und unabhängig, als wäre ich erst jetzt richtig erwachsen geworden.«*

- *Herr K.: »Ich fühle mich noch immer wie ein verletztes Tier, habe aber aufgehört, an mir selbst und meiner männlichen Attraktivität zu zweifeln. Obwohl es mir gelungen ist, eine nette Frau kennenzulernen, merke ich, dass ich mich noch nicht wieder binden kann und will. Wer bin ich denn jetzt eigentlich nach all den Kränkungen und Erniedrigungen? Ich möchte noch mehr verstehen, mich lösen und frei sein für meine eigene Zukunft.«*

- *Frau S.: »Für mich war es die schlimmste Krise in meinem bisherigen Leben. Nie zuvor habe ich mich so wertlos und verlassen gefühlt. Nie zuvor hätte ich gedacht, dass ich, die beruflich erfolgreich und finanziell unabhängig ist, so wenig Halt in mir selber habe und psychisch zusammenbrechen könnte. Die Trennung und der Zusammenbruch wurden dank therapeutischer Unterstützung zum Aufbruch zu mir selbst. Ich bin noch immer auf dem Weg.«*

Vermutlich stimmen Sie innerlich mehr und mehr der inneren und äußeren Trennung zu. Das können Sie auch daran merken, dass Sie, wie Rubinstein es nennt, Ihre Sprache gebändigt haben. *»Alle ›Wir‹ müssen in ›Ich‹ geändert werden und alle ›Unser‹ in ›Mein‹, ... wo ›Wir‹ war, soll ›Ich‹ werden, ... es ist schon etwas dran am Neuen – es ist neu.«* (Rubinstein 1980)

Sie haben sich sicherlich schon gefragt, ob Sie sich nach dem Trennungsjahr oder später scheiden lassen wollen, ob Sie beide weiterhin getrennt, aber nicht geschieden leben wollen oder ob einer von Ihnen beiden aus persönlichen Gründen die Scheidung so weit wie möglich hinauszögern wird. Die meisten Paare, zumindest die jüngeren, entscheiden sich nach dem Trennungsjahr oder einige Jahre später zur Scheidung, um frei zu werden für ein neues Leben mit oder ohne Beziehung. Wenn Sie nicht schon Hilfen von Beratungsstellen, Therapeuten oder Jugendamt in Anspruch genommen haben, ist es spätestens jetzt sinnvoll, es zu tun, besonders dann, wenn Sie Schwierigkeiten haben, sich im Hinblick auf Umgangsregelungen für die Kinder zu einigen. Um langwierige juristische Auseinandersetzungen zu vermeiden, bietet eine Mediation eine gute Alternative; allerdings nur dann, wenn Sie emotional nicht mehr verstrickt sind und auf der sachlichen Ebene bleiben können. Dazu gehört die Bereitschaft, dass Sie beide die Lasten der Trennung tragen wollen. Sie müssen beide bereit sein, finanzielle Dinge offen zu besprechen und auf einseitige Vorteilsnahme zu verzichten. In der Mediation unterstützt Sie ein neutraler Vermittler oder eine Vermittlerin, einvernehmliche Lösungen für Sie beide und für Ihre Kinder zu finden. So geht es zum Beispiel um praktische Regelungen zum gemeinsamen Sorgerecht, um Ehegattenunterhalt, Vermögensausgleich, Verteilung des gemeinsamen Hausrates, der Wohnung usw. Ziel ist, dass Sie beide zu Gewinnern für die zu regelnden Angelegenheiten werden. Dazu ist es wichtig, dass sich jeder von Ihnen unabhängig voneinander juristisch informiert. Sie brauchen ein gewisses Selbstbewusstsein, um eine eigene Position einnehmen zu können und gleichzeitig im Interesse einer gemeinsamen Lösung verhandlungsbereit zu sein. Mediation schließt anwaltliche Beratung nicht aus, verringert jedoch die Anzahl der Termine und entsprechende Kosten. Auch Anwälte bieten Mediation an.

INFORMATION: MEDIATION BEI TRENNUNGS- UND SCHEIDUNGSKONFLIKTEN

Der/die Mediator/in hat die Aufgabe, mit dem getrennten Paar unterschiedliche Sichtweisen neutral herauszuarbeiten und die Dialog- und Kooperationsbereitschaft zu fördern. Die Selbstverantwortung des Einzelnen wird hervorgehoben und gestärkt, sodass alle regelungsbedürftigen Themen von den getrennten Partnern selbst bestimmt werden. Es geht zum Beispiel um die Verteilung des Hausrates, um die elterliche Zusammenarbeit, um die

Änderung des Mietvertrages, um Unterhalts- und Versorgungsansprüche usw. Ziel ist, durch Kooperation auf der Sach- und Interessenebene zu einer Lösung zu kommen. »Statt nach einer Entweder-Oder-Entscheidung wird nach Und-Lösungen gesucht, statt Sieg oder Niederlage wird doppelter Gewinn oder zumindest ein fairer Ausgleich angestrebt.« (Mähler & Mähler 1992) Obwohl sich der Mediationsprozess auf der Sachebene abspielt, wird der Mediator auch die innere Befindlichkeit des Paares beachten müssen, um effektiv arbeiten zu können. Mediation ist demnach nach innen und nach außen gerichtet, hat aber nicht die Beziehungsebene im Fokus, sondern das Aushandeln fest umrissener Trennungs- und Scheidungsthemen. Der Mediationsprozess wird kontinuierlich fortschreiten, wenn es dem Mediator gelingt, die Eigenverantwortlichkeit und eine fördernde Kommunikation unter den getrennten Partnern zu stärken. Werden gegenseitige Akzeptanz und ein gewisses Verständnis füreinander möglich, gewinnen die getrennten Partner einen neuen Realitätsbezug zueinander.

Der Mediationsprozess erfolgt in verschieden Stufen:

Auftragsklärung
Der Mediator informiert das Trennungspaar über das Verfahren sowie über seine eigene Rolle und Haltung. Zwischen den Beteiligten wird eine Mediationsvereinbarung abgeschlossen.

Bestandsaufnahme der regelungsbedürftigen Angelegenheiten
In dieser zweiten Phase haben beide Partner die Gelegenheit, ihre Streitpunkte und Konfliktthemen darzulegen. Diese Themen werden gesammelt und für die weitere Bearbeitung strukturiert.

Positionen und Interessen, Erkundung des Hintergrundes und Bearbeitung des Konfliktfeldes
Alle Informationen, Daten, Wahrnehmungen werden ausgetauscht, bevor auf die unterschiedlichen Bedürfnisse, Wünsche und Interessen des Einzelnen vertieft eingegangen werden kann. Der Konflikt soll möglichst von allen Seiten betrachtet und erhellt werden. Dadurch werden Hintergründe, Motive, Ziele, Interessen, Emotionen, Rollen- und Selbstbilder sowie wichtige Identifikationsaspekte deutlich.

Sammeln und Bewerten der Möglichkeiten/Alternativen
Jetzt beginnt die kreative Phase der Ideenfindung, um mögliche Lösungsoptionen zu entwickeln. Das führt zu einer Verdichtung der Lösungen und zu einer Vorbereitung einer verbindlichen Abschlussvereinbarung. Hier

werden bestenfalls sogenannte ›Win-Win-Ergebnisse‹ konkretisiert und formuliert.

Abschlussvereinbarung

Die erreichten Vereinbarungen werden in schriftlicher Form festgehalten, und damit ist der Mediationsprozess beendet.

3.6 Wie geht's eigentlich den Kindern?

> *Es gibt keine Scheidung zum ›emotionalen Nulltarif‹.*
> *Wie hoch der Preis für die Kinder sein wird, haben*
> *die Eltern weitgehend in der Hand.*

Trennungseltern stellen sich immer wieder die Frage, wie es ihren Kindern wohl gehen mag. Einerseits gibt es Kinder, die sich vorübergehend so problematisch verhalten, dass Eltern ständig mit den Auffälligkeiten eines oder mehrerer Kinder beschäftigt sind, andererseits verhalten sich Kinder im Trennungsgeschehen der Eltern so angepasst und solidarisch mit einem oder beiden Elternteilen, dass Eltern annehmen, »*es geht ihnen doch ganz gut*«.

Kinder reagieren immer auf die Trennung der Eltern, auch wenn sie scheinbar nicht reagieren. Am Anfang ist das innere und äußere Chaos für die Kinder groß, gleich welchen Alters: »*Warum habt Ihr uns das angetan?*« »*Hat der Papa mich jetzt auch nicht mehr lieb?*« Fragen über Fragen schwirren den Kindern in dieser Zeit durch den Kopf. Die wenigsten Fragen werden ausgesprochen oder finden eine Antwort, da die Eltern mit ihren eigenen Belastungen beschäftigt sind. Ein Elternteil zieht aus und steht nicht mehr in dem Maße wie früher als Ansprechpartner zur Verfügung. Die Welt, wie sie dem Kind bisher vertraut war, bricht auseinander. Im Kind entstehen Angst und Unsicherheit, allein gelassen zu werden. Für Kinder und Jugendliche ist es oft das Schlimmste, dem Auseinanderbrechen der bisherigen notwendigen sicheren Beziehungen, familiären Strukturen und täglichen Abläufen so allein und hilflos ausgeliefert zu sein. Die Eltern, die normalerweise Halt und Orientierung geben, sind selber verunsichert und desorientiert.

Die Kinder sind herausgefordert, sich mit den eingetretenen Lebensveränderungen auseinanderzusetzen und ihre Beziehung zu beiden Eltern neu zu ordnen. Sie müssen sich daran gewöhnen, allein mit einem Elternteil zu wohnen, den anderen weniger als Bezugsperson zu erleben sowie hin und her zu pendeln. So lernen sie, sich in zwei getrennten Lebenswelten – der Welt der Mutter und der Welt des Vaters – zurechtzufinden. Um es den Eltern leichter zu machen und es selbst nicht noch schwerer zu haben, finden sie heraus, welches Verhalten für welchen Elternteil richtig ist. Hören wir noch einmal, was Lena dazu zu sagen hat:

»Vielleicht geht es Lars wie mir. Er weiß auch nicht mehr, wen er lieb haben soll, Mam oder Pap. Weil Pap ja nicht will, dass wir Mam lieb haben. Und Mam will auch nicht besonders, dass wir Pap mögen. Das kann ich nicht glauben, Lenakind. Doch, Tante Cora. Immer habe ich Angst, etwas falsch zu sagen oder zu machen. Mam ist gleich beleidigt. Und wenn ich Pap mal sehe, dann ist es besser, ich sage kein Wort über Mam. Das ärgert ihn nur. Bloß für mich sind die beiden ja meine Eltern. Nicht Pap alleine oder Mam.«

Der Schmerz und die Trauer des Kindes über die Trennung der Eltern gehören natürlicherweise zum Abschiedsprozess dazu. Verhaltensprobleme von Kindern und Jugendlichen in der Trennungs- und Scheidungsphase sind ein normales Übergangsphänomen. Verlief die bisherige Entwicklung unauffällig, ist in der Regel keine therapeutische Einzelbehandlung notwendig.

Vorübergehende Auffälligkeiten lassen sich wie folgt erklären:

→ mit dem Erleben von Einsamkeit in der emotionalen und tatsächlichen Abwesenheit der Eltern

→ mit der diffusen Angst, auch vom betreuenden Elternteil verlassen zu werden

→ mit Gefühlen von Unsicherheit, Hilflosigkeit, Trauer, Wut und Überforderung

→ mit diffusen Schuldgefühlen, am Scheitern der Beziehung der Eltern beteiligt zu sein
→ mit dem Gefühl, es nicht geschafft zu haben, die Eltern zu versöhnen
→ mit der Angst vor der Umgestaltung der familiären Beziehungen und der ungewissen Zukunft
→ mit der Befürchtung, vertraute Personen wie Freunde und Verwandte, speziell Großeltern, zu verlieren
→ mit der Anstrengung, es beiden Eltern recht machen zu wollen
→ mit der Sprachlosigkeit und mangelnden Aufmerksamkeit der Eltern für die Grundbedürfnisse des Kindes
→ mit dem Fehlen außerfamiliärer Unterstützungssysteme
→ mit der Befürchtung, anders als andere Familien und defizitär zu sein.

Wichtig ist, dass Eltern anerkennen, ihrem Kind mit der Trennung viel zuzumuten, so gern sie es auch vermieden hätten. Für Eltern ist es schwer, mit all den eigenen verletzten Gefühlen auch noch die Trauer und den Zorn ihrer Kinder auszuhalten und sich dafür verantwortlich zu fühlen. Je weniger Eltern die eigene emotionale Betroffenheit und die des Kindes verdrängen, umso besser werden sie mit der Trauerreaktion des Kindes umgehen können. Es gibt keinen Grund für die Eltern, die eigene Trauer um jeden Preis vor den Kindern zu verstecken. Im Gegenteil; es ist besser für die Kinder, wenn sie ihre Eltern gefühlsmäßig wahrnehmen können. Eltern sollten ihre eigenen Gefühle klar als die eigenen und von den Kindern unterschiedlich benennen und ihrem Kind versichern, dass sie eigene Wege des Trostes finden werden. So wird vermieden, dass Kinder zu Tröstern der Eltern werden und in eine vertauschte Fürsorgerolle geraten (Parentifizierung).

Eine zusätzliche Herausforderung für das Kind entsteht, wenn bereits während der Trennung oder danach von einem Elternteil oder beiden »ein Neuer/eine Neue« präsentiert wird. Deshalb ist es ratsam, sich in der neuen Beziehung sicher zu sein, bevor das Kind involviert wird. Kinder brauchen Zeit, um sich an den neuen Erwachsenen in seinem Leben zu gewöhnen. Je nach Alter reagieren Kinder mit Eifersucht und der Befürchtung, weniger Zuwendung und Zeit vom »verliebten Elternteil« zu bekommen. Jugendlichen ist das »verliebte Gehabe« der Eltern ohnehin peinlich, da sie gerade damit beschäftigt sind, ihre eigene Sexualität zu entdecken. Ein wesentlicher Faktor, wie Kinder auf neue Partner der Eltern ansprechen, ist die Reaktion des anderen Elterteils. Reagiert er mit Entrüstung, Kränkung oder Abwertung auf »die Neue/den Neuen«, können diese Gefühle vom Kind übernommen werden. Somit wird der weitere Kontakt zum Elternteil mit dem neuen Partner/der neuen Partnerin erschwert, sehr konflikthaft oder auch abgebrochen. Wichtig ist, den neuen Partner nicht als Ersatz für den leiblichen Elternteil einzuführen oder als besser oder lustiger darzustellen. Das Kind muss spüren und wissen, dass es weiterhin genauso geliebt wird und einen wichtigen Platz im Leben beider Eltern behalten wird, egal wer dazukommt.

Viele Kinder fühlen sich unbewusst für die Trennung der Eltern verantwortlich, besonders dann, wenn häufig über Erziehungsfragen gestritten wurde. Deswegen ist es ratsam, dem Kind zu sagen: »Du bist nicht schuld an unserer Trennung.« Eine weitere zu klärende Entscheidung ist, wo das Kind seinen Lebensmittelpunkt haben soll – bei der Mutter, beim Vater, bei beiden gleich verteilt? Es gibt unterschiedliche Wohnmodelle für Scheidungskinder. Die Frage, wer die Betreuung der Kinder übernimmt, wird in den meisten Fällen konfliktfrei geregelt. Die Betreuung wird in der Regel von demjenigen Elternteil beibehalten, der sich bislang hauptsächlich um die Kinder gekümmert hat (meistens die Mutter). Die getroffene Regelung sollte beständig, aber grundsätzlich auch flexibel sein, da sich die Betreuungsregelung aufgrund einer veränderten Lebenssituation oder auch aufgrund des Wunsches eines Kindes wandeln kann. Das Kind hat einen eigenen Anspruch auf Umgang mit beiden Eltern. Der umgangsberechtigte Elternteil ist derjenige, der nicht überwiegend mit dem Kind zusammenlebt. Nur wenn das Wohl des Kindes gefährdet ist, kann der Umgang eingeschränkt oder ausgesetzt werden. Manche Eltern wissen nicht, dass zu den umgangsberechtigten Personen auch die Großeltern, Stiefeltern und andere enge Bezugspersonen des Kindes gehören. Weitgehende Einigkeit besteht darüber, dass die Bedürfnisse und Zukunftswünsche älterer Kinder ernst zu nehmen und zu berücksichtigen sind. Entscheiden müssen letztendlich die Eltern, wo das Kind leben soll. Ansonsten bekommt das Kind eine Entscheidungsverantwortung, die die Eltern auf das Kind abwälzen. Es wird überfordert, fühlt sich in einer Zwickmühle und gerät in einen Loyalitätskonflikt.

Werden Trennungskinder gefragt, was sie brauchen und was nicht, können die meisten es sehr genau antworten – aber ungezwungener und freier, wenn sie nicht von den Eltern, sondern von außen stehenden Vertrauten wie Erzieher oder Therapeuten befragt werden. Die folgenden Aussagen von Kindern und Jugendlichen geben Eltern einen eindrucksvollen Überblick, welches Verhalten der Eltern hilfreich sein kann und welches nicht:

APPELLE AN DIE ELTERN

- Redet mit mir, ich kriege schon seit längerer Zeit mit, dass etwas nicht stimmt. Wenn ihr nicht mit mir redet, wachsen meine Fantasien ins Unendliche.
- Ich weiß, dass ihr mir gegenüber Schuldgefühle habt, und es euch schwerfällt, mit mir über eure Trennung zu reden. Macht es trotzdem.
- Erklärt mir und meinen Geschwistern in einfachen Worten und nachvollziehbar, warum ihr euch getrennt habt. Ich will nicht alles wissen, werde es auch nicht ganz verstehen, aber möchte wenigstens eine Ahnung davon bekommen.
- Sagt mir, dass ich nicht schuld bin und dass ich durch mein Verhalten nichts an eurer Entscheidung ändern kann. Dann brauche ich mich nicht so anzustrengen, um eure Aufmerksamkeit zu erlangen.
- Sprecht mit mir darüber, wie es weitergehen soll. Was wird sich für mich verändern? Was wird so bleiben, wie es ist?

- Hört euch meine Meinung und meine Wünsche an und beantwortet meine Fragen. Wenn ich schon bei der Trennung nicht gefragt wurde, lasst mich wenigstens meine neue Zukunft mitgestalten.
- Versucht mir nicht mehr an Veränderung zuzumuten, als notwendig sind. Mein gewohntes Umfeld hilft mir, besser mit der neuen Situation fertig zu werden.
- Ich weiß, dass ihr selber mit viel Schmerz und Ärger beschäftigt seid, aber verliert mich dabei nicht aus den Augen.
- Mich haut die neue Situation einfach um. Ihr habt euch schon längere Zeit mit der Trennung beschäftigt und euch darauf einstellen können. Ich nicht.
- Sagt nicht: »Jetzt mach du uns nicht auch noch Ärger und Sorgen.« Ich muss loswerden, was ich denke und fühle.
- Lasst euch nicht täuschen, wenn ich so tue, als sei alles in Ordnung. Ich kann meinen Kummer nur nicht vor euch zeigen. Helft mir, meine Traurigkeit rauszulassen und tröstet mich.
- Haltet meine Wut, meine Traurigkeit, meine Angst und meine Stimmungsschwankungen aus.
- Seid geduldig mit mir, wenn ich in der Schule schlechter werde oder andere komische Sachen mache. Ich kann im Moment an nichts anderes mehr denken als an eure Trennung.
- Ich möchte mich im Moment besonders an dir (Mama/Papa) anklammern, um mich nicht allein zu fühlen. Ich befürchte, auch noch von dir verlassen zu werden. Aber das geht vorbei.
- Seid gerade jetzt besonders zuverlässig und gebt mir Information und Halt. Mein Vertrauen in die Menschen, die ich liebe, ist im Moment total erschüttert.
- Vermittelt mir nicht das Gefühl, ich müsste mich wegen eurer Trennung schämen. Ich weiß, dass es noch viele andere Familien gibt, die auseinandergehen. Das passiert einfach.
- Erhaltet mir meine Kontaktmöglichkeiten zu meinen Freunden, Verwandten und Gruppen.
- Ermuntert mich, mit anderen darüber zu reden. Es hilft mir, ohne Rücksicht auf euch meine ängstlichen Gedanken und Gefühle loszuwerden.

- Gebt mir Hoffnung und Zuversicht, dass wir alle die Situation schon schaffen werden. Ich habe nämlich große Angst davor, wie es weitergehen wird.
- Stellt mich nicht vor die Entscheidung: Mama oder Papa. Ich bin damit überfordert, weil ich euch beide gern habe. Entscheidet ihr und berücksichtigt meine Bedürfnisse.
- Macht mir klar, dass die Entscheidung, wo ich leben werde, nichts damit zu tun hat, wer mich mehr liebt, sondern wer mehr Zeit und Raum hat, sich um mich zu kümmern.
- Sagt nicht: »Du bist so wie Papa/Mama.« Ich bin immer ein Teil von Papa und ein Teil von Mama und etwas ganz Eigenes.
- Ermöglicht mir verlässlichen Kontakt zu euch beiden und tretet nicht in einen Wettstreit um mich. Ich brauche euch beide.
- Macht eine Besuchsregelung aus, die meine Wünsche berücksichtigt, aber seid auch flexibel und erlaubt mir spontane Kontakte zwischendurch.
- Ich will deinen Ärger und deine Enttäuschung über Mama/Papa nicht hören. Sprich mit anderen darüber.
- Benutzt mich nicht als Bote oder Spion. Redet selber miteinander.
- Lass mich (Papa/Mama) bei meinen Besuchen an deinem Alltag teilnehmen. Ich brauche keine Highlights, sondern möchte zu deinem Leben dazugehören.
- Manchmal ist es so, dass Mama/Papa bei meinen Besuchen unzuverlässig ist. Besser, ich sehe sie/ihn nur manchmal als gar nicht.
- Frag mich nach den Besuchen bei Papa/Mama nicht aus. Sage ich, »es war schön«, befürchte ich, dich zu verletzen. Sage ich, »es war nicht schön«, machst du dir Sorgen.
- Manchmal lehne ich Besuche bei Mama/Papa ab, weil ich traurig und wütend bin und gegen die Trennung protestiere.
- Bleib cool, wenn ich nach den Besuchen manchmal wütend und nervig bin. Ich bin manchmal unsicher, ob du noch da bist, wenn ich zurückkomme, oder ob du mich auch wieder abholst, wenn du mich hingebracht hast. Ich habe noch Angst, einen von euch beiden zu verlieren, dass einer von euch sich auch von mir ›scheiden‹ lässt.

- Benutzt mich nicht als Partnerersatz. Ich bin euer Kind und auf eure Fürsorge angewiesen.
- Verwöhnt mich nicht und räumt mir nicht alles aus dem Weg, um wieder etwas gutzumachen. Vertraut mir, dass ich eigene Kräfte habe.
- Wenn ihr eine neue Liebe habt, ist das für mich eine Herausforderung. Ich muss meine Hoffnung auf Wieder-Versöhnung endgültig begraben. Das tut noch einmal weh. Habt darum Geduld mit mir, bis ich sie/ihn akzeptieren kann.
- Seid mir nicht böse, wen ich zu euren neuen Partnern ekelhaft bin. Ich habe Angst, dass ihr jetzt weniger Zeit für mich habt und ich euch an eure neue Liebe verliere. Vielleicht will ich auch wissen, wie ernst es euch mit der neuen Liebe ist.

Placke-Brüggemann (2005), leicht verändert und gekürzt

EMPFEHLUNG AN DIE ELTERN

Das Wertvollste, was Sie Ihrem Kind jetzt mitgeben können, ist ein wertschätzender und respektvoller Umgang miteinander als Eltern. Anfangs ist es besser, nur das Nötigste auszutauschen, um nicht in alte Konfliktmuster zu geraten und sich gegenseitig abzuwerten. Reden Sie schlecht übereinander und versuchen Sie, Ihr Kind auf eine Seite zu ziehen oder gar den Kontakt zum Kind zu unterbinden, wird Ihr Kind sein inneres Bild von Vater bzw. Mutter gegen Anfeindung schützen. Es versucht, sein inneres Bild von beiden Eltern aufrechtzuerhalten, egal, was Sie einander als Paar angetan haben. Ihr Kind liebt Sie beide.

Derjenige von Ihnen, der die Familie verlassen hat, muss damit rechnen, dass das Kind oder der Jugendliche auch ohne bewusstes Dazutun des verlassenen Partners dem ›verlassenden Elternteil‹ eine Zeit lang böse ist und den Besuchskontakt erschwert oder verweigert. Manchmal ist es für die innere Sicherheit eines Kindes wichtig, sich ganz auf die Seite desjenigen Elternteils zu »schlagen«, bei dem es lebt. Innerlich bleibt es aber mit dem anderen verbunden. Seien Sie als umgangsberechtigter Elternteil verständnisvoll Ihrem Kind gegenüber und reagieren Sie nicht gekränkt oder abweisend. Sie brauchen Geduld und einen langen Atem. Versuchen Sie immer wieder, den Kontakt zu halten (SMS, E-Mails, Briefe, Anrufe, Einladungen ...) oder wieder aufzunehmen. Verzichten Sie darauf, die Verantwortung für den Kontakt Ihrem Kind zuzuschreiben. Ihr Bemühen ▶

signalisiert Ihrem Kind, dass es wichtig ist für Sie. Ihr Bemühen ist Balsam für seine verletzte Seele. Kinder, Jugendliche und auch noch Erwachsene leiden darunter, wenn der getrennt lebende Elternteil nicht alles unternimmt, um den Kontakt zu halten oder wiederzubeleben. Auch Sie als der betreuende Elternteil, bei dem das Kind überwiegend lebt, haben eine Verantwortung, dafür zu sorgen, dass Ihr Kind einen ungezwungenen Kontakt zum anderen Elternteil behält. Unterstützen Sie Ihr Kind, die Bindung zum anderen Elternteil, zum neuen Lebenspartner, zu den Großeltern und anderen wichtigen Bezugspersonen aufrechtzuerhalten. Sollten Sie wegen der Belange der Kinder aneinandergeraten, holen Sie sich professionelle Hilfe zur Klärung der gemeinsam/getrennten Elternverantwortung.

Kinder brauchen Stabilität und Kontinuität in ihren familiären Beziehungen – auch und gerade in getrennten Familien. Um das zu gewährleisten, müssen die Eltern kooperieren. Immer mehr Eltern stärken und festigen ihre Bereitschaft zur Zusammenarbeit, indem sie eine schriftliche Elternvereinbarung erarbeiten. Diese Vereinbarung sollte verbindlich und ausreichend flexibel gehalten sein, da die Voraussetzungen und Bedingungen sich für alle Beteiligten ändern können. Meistens ist es ratsam, sich dazu professionelle Unterstützung von außen zu holen (Jugendamt, Familienberatungsstelle, familientherapeutische Praxis …).

TEIL IV
Der Schlussstrich

4.1 Die juristische Scheidung

Es beginnt etwas Neues, indem Altes zu Ende geht –
und das Alte geht nie zu Ende,
ohne dass etwas Neues beginnt.
Elmar Gruber

Die juristische Scheidung markiert das Ende der Ehe und den Beginn einer neuen Lebensform. Für die meisten getrennten Paare bedeutet dieses Prozedere noch einmal eine emotionale Herausforderung, besonders für diejenigen, die die Trennung nicht wollten und sich mühsam daran gewöhnen mussten. Es ist der letzte notwendige gemeinsame *»Auftritt als Ehepaar«*, um die Ehe juristisch zu lösen. Es sei denn, es wird weiter um Scheidungsnachfolgesachen oder um Sorgerechtsregelungen gestritten und der *»Rosenkrieg«* nimmt seinen Lauf. Strittige und hochstrittige Scheidungsverläufe sind jedoch in der Minderzahl. Sie erweisen sich als sehr kostspielig und höchst schädlich für die Kinder. Misslingt einem oder beiden Expartnern die emotionale Ablösung, bleibt es schwierig, zwischen Ex-Partner- und Elternrolle zu unterscheiden, und die Kinder bleiben in den fortgesetzten Beziehungskonflikten involviert. Scheidungsanwälte können Rosenkriege fördern oder mindern. In den letzten Jahren zeichnen sich immer mehr Anwälte dadurch aus, dass sie Scheidungspaaren zu einer Mediation raten oder auf einvernehmliche Regelungen hinarbeiten – besonders im Hinblick auf die Kinder.

Viele Geschiedene berichten über ein merkwürdiges Gefühl, wie *»kurz und bündig«* das Scheidungsritual verläuft. Der Scheidungsbeschluss (früher Scheidungsurteil) wird verlesen, *»und plötzlich war ich geschieden«*. All die seelische, körperliche und geistige Energie, die notwendig war, um den Trennungsprozess durchzustehen, all die geleistete Trauerarbeit, all die Mühen mit den Veränderungen im Alltag, all die Sorge um das Wohl der Kinder, all das, was das getrennte Paar irgendwie noch verbunden hat, soll jetzt endgültig vorbei sein? *»Was kommt jetzt? Was erwartet mich, wenn die Scheidungssachen erle-*

digt sind und ich mich jetzt nur noch um mich selbst kümmern muss? Wie werden wir weiterhin als Eltern unserer gemeinsamen Kinder zusammen-arbeiten? Was passiert, wenn einer von uns wieder heiratet oder stirbt?«

EMPFEHLUNG

Für manche, besonders für diejenigen, die nach wie vor mit der Trennung hadern, aber auch für diejenigen, die gelernt haben, die Trennung zu ak-zeptieren, bedeutet der Tag der Scheidung noch einmal eine emotionale Herausforderung. Egal, wie es verläuft, Sie werden den Tag der Scheidung nicht vergessen, genauso wenig wie Sie den Tag Ihrer Hochzeit aus Ihrer Erinnerung streichen können. Machen Sie sich im Vorfeld Gedanken, wie Sie vorhaben, diesen Tag zu erleben:

- so nebensächlich wie es geht?
- so neutral wie möglich?
- so wütend wie noch immer?
- so befreit wie ersehnt?
- so herablassend wie verdient?
- so wehmütig wie es sich anfühlt?
- so erleichternd wie es ist?

Sie werden sich vor dem Scheidungstermin auch damit beschäftigen, wie die Scheidung verlaufen wird und wie gefasst, selbstbewusst oder authentisch Sie Ihrer Ex-Partnerin/Ihrem Ex-Partner gegenüber auftreten werden. Ob Sie sich begrüßen oder voneinander verabschieden werden? Ob es noch einen Wunsch nach einer persönlichen Abschlussgestaltung für Sie beide oder als Familie geben wird? Ob Sie irgendwann einander verzeihen können?

Außerdem werden Sie sich darüber Gedanken machen, wie Sie diesen Tag gestalten wollen. Werden Sie sich von einer vertrauten Person zum Gericht begleiten lassen, oder haben Sie vor, sich unmittelbar nach dem Scheidungstermin mit jemandem Vertrauten zu treffen? Sie müssen da-mit rechnen, dass Sie erst jetzt die Endgültigkeit Ihrer Getrenntheit wirk-lich erfassen und nochmals mit kurzfristiger Trauer reagieren könnten.

Der Wendepunkt der Scheidung ist erreicht, sodass auch alte Rollen und ›Noch-Vertrautes‹ endgültig aufgegeben werden müssen. Die neue Rolle als Geschiedene/r ist noch fremd und wird manchmal zögerlich und unsicher nach außen, bei Behörden, Schule oder am Arbeitsplatz benannt. Für manche Verlassene ist es nach wie vor eine innerlich abgelehnte, höchst unbeliebte und nicht gewollte Rolle.

▶▶ *Beispiel:*

Frau L. richtet sich in Ihrer Ehe wie selbstverständlich beruflich und persönlich ganz nach den Bedürfnissen ihres Mannes. Der Gewinn ist, einen erfolgreichen Mann an der Seite zu haben, viel zu reisen und in Folge den eigenen Beruf aufgeben zu können, um gesellschaftliche Verpflichtungen zu erfüllen. Ein wunderschönes Haus und Zeit für eigene Hobbys kommen dazu. Herr und Frau L. entscheiden sich, bei einem so ausgefüllten Leben auf Kinder zu verzichten. Der »Dolchstoß« kommt, als ihr Mann sich in eine andere Frau verliebt und Vater wird. Er geht ohne Vorankündigung und lässt seine Frau zurück. Es entfacht sich ein langjähriger Scheidungskrieg um Unterhalt und Vermögen. Frau L. ist es auch nach zehn Jahren nicht gelungen, ihren Groll auf ihren ehemaligen Mann und auf das »Schicksal« loszulassen. Eine neue Beziehung scheitert unter anderem an ihren sich wiederholenden Depressionen. Sie begibt sich in therapeutische Behandlung und lernt mühsam, die Vergangenheit loszulassen und sich selbst in ihrer neuen Lebenssituation zu akzeptieren.

Ahrons meint dazu: »*Die Scheidung als Teil Ihres Lebens zu integrieren bedeutet: Sie müssen akzeptieren, dass es einige Gefühle geben kann, die ambivalent und unentschieden bleiben. Außerdem gibt es Verluste, um die Sie vielleicht noch Jahre trauern. Wenn Sie in Erinnerung behalten, dass Ihre Ehe gute und schlechte Zeiten hatte, dass Ihr Expartner gute und schlechte Eigenschaften hat, dass Sie, Ihr Expartner oder Ihre Ehe nicht gescheitert sind, nur weil Sie nicht bis ans Lebensende verheiratet geblieben sind, können Sie Ihr Leben in seiner Gänze akzeptieren und die Vergangenheit in die Gegenwart integrieren.*« (Ahrons 1997)

4.2 Die emotionale Scheidung

Alles hat seine Zeit
Sich begegnen und verstehen,
sich halten und lieben,
sich loslassen und erinnern.

Unbekannt

Die Scheidung markiert das juristische Ende der Beziehung und bedeutet nicht, dass der emotionale Abschluss schon erreicht ist. Das passiert in der Regel nach der Scheidung, später oder auch nie. Psychisch gesunde und widerstandsfähige Erwachsene brauchen erfahrungsgemäß zwei bis drei Jahre nach der Scheidung, bis sie in der neuen Lebenssituation gänzlich angekommen sind.

EMPFEHLUNG

Wenn Sie nicht verheiratet waren, gab es kein Hochzeitsritual, und so gibt es auch kein Scheidungsritual. Rituale helfen, Vergangenes hinter sich zu lassen, Übergänge zu gestalten und das Neue zu begrüßen. Dazu können Sie einen von Ihnen bewusst festgelegten Termin als Ihren endgültigen Trennungstag festlegen, den Sie allein oder als getrenntes Paar als Abschiedstag gestalten können. Ähnlich wie Sie einen Zeitpunkt erinnern, ab dem Sie sich als Paar, das zusammenbleiben will, definiert haben, macht es Sinn, einen Endpunkt in Ihrer Beziehung zu setzen, an dem Sie innerlich einen »Auflösungsvertrag« Ihrer Beziehung »unterzeichnen«. Rubinstein (1980) beschreibt diesen inneren Schlusspunkt mit »Ein Jawort des Verzichtes auf den anderen« geben. Das Ja zum Nein.

Zur endgültigen Lösung fehlt letztendlich noch das rückblickende Begreifen und Verstehen der Trennungsentwicklung, um sich selbst und den anderen freizugeben für die eigene Zukunft. Manche geschiedene oder getrennte Menschen entwickeln den Wunsch, rückwirkend allein oder gemeinsam die Beziehung zu reflektieren, um die Vergangenheit in die richtige Perspektive zu rücken. Sie wollen nicht nur emotional, sondern auch im Verstehen abschließen.

Sie wünschen sich inneren Frieden mit der Beziehungsvergangenheit und wollen äußeren Frieden in der weiteren Zusammenarbeit als getrennte Eltern. Gelingt eine innere Versöhnung mit dem Ende der Beziehung und dem ›neuen Leben‹, gestaltet sich die weitere Verbindung auf der Elternebene besser, und ein distanzierter, aber wertschätzender Kontakt mit dem ehemaligen Partner ist möglich. Was Frieden zwischen Trennungseltern bedeuten kann, beschreibt das kleine Beispiel von Tom, dem fünfjährigen Sohn einer Mutter aus einer Trennungsgruppe. Im Kindergarten erzählt ein Kind mit ausländischem Akzent, dass seine Eltern so oft streiten. Tom sagt daraufhin: »*Meine Eltern sind getrennt, aber sprechen beide deutsch*« (sie sprechen eine Sprache).

Versöhnlichkeit sich selbst und anderen gegenüber ist eine reife menschliche Haltung, die nicht einfach zu erreichen ist. Sie bleibt uns oft versperrt. Sich nach der Scheidung einer versöhnlichen Haltung anzunähern, kann ein erstrebenswertes Ziel sein, besonders dann, wenn Kinder betroffen sind. Wer die Beziehungsvergangenheit dauerhaft nur unter dem Aspekt des Scheiterns und der Kränkung sieht, wird auch in zukünftigen Liebesbeziehungen eher Negatives erwarten. Wer hingegen auch positive und liebevolle Begegnungen erinnert, erlebt die gemeinsame Zeit als sinnstiftend und nicht verschwendet. Er kann die Trennung in seine Lebensgeschichte (»*Lebensfluss*«) integrieren, die Bindung zu seinen Kindern aufrechterhalten und neue Beziehungen eingehen.

Ein weiterer Grund für die Suche nach Verstehen ist der Wunsch, aus der vergangenen Beziehung zu lernen, auch aus den eigenen Fehlern – für sich persönlich und für eine mögliche neue Beziehung. Die Beziehungs- und Trennungserfahrung fordert uns auf herauszufinden, wozu wir gerade diese/n Partner/in gebraucht haben. »*Was hat der andere in mir Gutes und weniger Gutes ›herausgeliebt‹? ... »Was habe ich gegeben?« ... »Was habe ich versäumt?*«

Fehlt die Auseinandersetzung mit den eigenen Anteilen, indem sie verdrängt oder durch eine schnelle Bindung an einen neuen Partner vermieden wird, ist die Gefahr groß, nur den Partner auszutauschen und die alten Beziehungsmuster zu wiederholen. Zur Ablösung aus der ehemaligen Beziehung ist die Einsicht und Akzeptanz des eigenen Anteils am Scheitern der Beziehung jedoch unerlässlich, um Verantwortung zu übernehmen. Auch wenn wir uns trennen, nehmen wir unsere Schwächen und Stärken mit. Unsere Beziehungsschwächen sind uns bestenfalls bewusster und damit lösbarer geworden. Unsere Stärken haben sich in besonderer Weise gezeigt und sind greifbarer geworden – eine gute Ressource für die Zukunft.

4.3 Abschied und Neubeginn gestalten

> *»Aufhören ein kreativer Akt? Turner wissen: ein guter Abgang ziert die Übung. Gekonntes Aufhören lässt alles, was davor war, im günstigen Licht glänzen. Wer dagegen den Schlusssprung verpatzt, verdirbt den Gesamteindruck. Wie am Reck, so im Leben – es lohnt sich, Kraft und Konzentration für das Ende einer Übung* (hier einer Ehe) *aufzuheben.«*
> Ernst 2011

Wie würden Sie gern den Abschluss Ihrer Beziehung/Ihrer Ehe persönlich gestalten? Was glauben Sie, welche Form des Abschieds würden Ihre Kinder Ihnen beiden wünschen? Was denken Sie rückblickend über Ihre Beziehung und über Ihre Trennung?

Eine persönliche oder gemeinsame Beziehungsrückschau kann helfen, sich zu erinnern und abzuschließen. Dieses kann bereits vor oder nach der Scheidung erfolgen, je nachdem, wie weit die emotionale Loslösung fortgeschritten ist. Nicht nur der Anteil des anderen am Gedeihen und Scheitern der Beziehung ist relevant, sondern auch der eigene. Jetzt, da die Trennung oder Scheidung bereits zum Leben dazugehört, kann die eigene und die Sicht des Ex-Partners aus einem Abstand heraus realitätsgetreuer gesehen werden, ohne das Geschehene zu leugnen.

Haben wir die Chance, noch etwas über die Motive des anderen für und gegen die Beziehung zu verstehen, können wir seine Handlungen besser einordnen. Sind wir zudem bereit, uns mit unseren eigenen Grenzen und Schattenseiten auseinanderzusetzen, stimmen wir unserem Beteiligtsein an der Zerrüttung der Beziehung zu. *»Das Ungerechte, Schuldige, Gemeine, Aggressive, Egoistische, Unterlassene, Rechthaberische ... steckt auch in mir, es sind Anteile meiner selbst.«* So können wir aufhören, alles Negative dem anderen zuzuschreiben. Ganz im Sinne von C. G. Jung, der einmal gesagt hat: *»Wenn ich die Wahl hätte, ganz oder gut zu sein, dann will ich lieber ganz sein.«* Je vollständiger wir uns mit unseren positiven und negativen Seiten annehmen, umso besser können wir Widersprüchliches in uns und im anderen aushalten und Fehler verzeihen. Noch verbliebene negative Gefühle bekommen ein anderes Gewicht und ein gewisses Maß an Nachsicht.

Sie brauchen als getrenntes Paar, insbesondere als getrennte Eltern, das Bemühen, erlittene Verletzungen loszulassen. Versöhnlichkeit ist eine Haltung, die nur freiwillig entsteht. Sich dieser Haltung anzunähern, kann ein erstrebenswertes Ziel sein, besonders dann, wenn Kinder betroffen sind. Um mit Hannah Arendt zu sprechen, können wir das Geschehene nicht rückgängig machen, *»doch ohne Vergebung blieben wir auf ewig die Gefangenen der Konsequenzen unserer Handlungen«*.

Mit einer falschen und vorschnellen Versöhnung ist jedoch niemandem gedient. Sie brauchen Zeit, um Ihrem Zorn und Ihrer Enttäuschung Raum zu geben. Wiederkehr bringt es auf den Punkt: *»Falsche Versöhnlichkeit entwürdigt die Beteiligten ebenso wie sture Verurteilung.«* (Wiederkehr 2005) Es kann reichen zu entscheiden, sich nicht länger mit der Kränkung und dem/der Verursacher/in zu beschäftigen, ohne ihm zu verzeihen, und trotzdem für sich abzuschließen. Wenn nicht gleich, aber später, kann sich die Erkenntnis einstellen, dass die Beziehung *und* die Trennung für die persönliche Weiterentwicklung wichtig waren und nicht mehr aus dem Leben wegzudenken sind, sondern zu einem integrierten Teil des Lebens geworden sind. Die rückblickende Reflexion der Beziehung hat keine zwingende versöhnliche Wirkung, fördert jedoch einen guten Abschluss. Das unüberwindbare Trennende wird noch einmal deutlich, ohne das Gute aus der vergangenen Beziehung zu vernichten. Aussagen wie *»Ich fühle mich getrennter und kann den Groll loslassen«* … *»Jetzt muss ich die zurückliegende Beziehung nicht mehr aus meinem Leben streichen«* oder *»Jetzt kann ich sein Bemühen um Verständigung wegen des Kindes schätzen«* zeugen von der Wirksamkeit.

Mit der Beziehungsrückschau ist keine rückwärtsgewandte Grübelei gemeint, sondern ein Nachsinnieren über das, was die Beziehung zu dem gemacht hat, was sie heute ist, nämlich eine getrennte. Es geht darum:

→ noch Ungesagtes zu schreiben oder zu sagen
→ das Geleistete und Investierte für die Beziehung anzuerkennen
→ das Störende und das Konflikthafte hinter sich zu lassen
→ das Liebgewonnene und Wertvolle zu behalten (Liebeserinnerung)
→ die Erfahrungen des gemeinsamen Lebens zu würdigen
→ im gegenseitigen Respekt getrennte Wege zu gehen und den anderen in Frieden zu lassen.

Sieder meint dazu: *»Das seinen Liebesverlust betrauernde Paar erzählt einander jene Geschichten, die für seine Liebe stehen, und jene, die den Verlust dieser Liebe vermeintlich erklären können. Wird die geteilte Trauer über den Verlust der Liebesbeziehung auch den Kindern angemessen kommuniziert, bestehen sehr gute Chancen, dass die Trennung ohne schwere und anhaltende Zerwürfnisse und ohne dauernde Schwierigkeiten der Kinder vollzogen werden kann. Wer seinen Verlust betrauert, weiß annähernd, was er verliert. Dies ist eine Voraussetzung dafür, den Partner verlassen zu können, ohne ihn krass abzuwerten.«* (Sieder 2008)

Für diese rückblickende Reflexion brauchen Sie die innere Akzeptanz Ihrer getrennten Wege. Das bedeutet, dass Sie akzeptieren, dass Sie beide das Recht haben, sich zu verändern, auch wenn es zur Trennung geführt hat.

Die Beziehungsrückschau kann in zwei Variationen durchgeführt werden:

A) Sie beantworten die folgenden Fragen für sich in schriftlicher Form.

B) Sie beide, als getrenntes oder geschiedenes Paar, entscheiden sich für eine gemeinsame Beziehungsrückschau unter der Moderation einer Therapeutin.

Zu A

Nehmen Sie sich Zeit und beantworten Sie schriftlich folgende Fragen oder Impulse – wie eine letzte Würdigung Ihrer vergangenen Beziehung und eines Teils Ihres gelebten Lebens. Es ist eine Abschlussbilanz Ihrer Beziehungs- und Trennungsgeschichte – ein Zwischenstopp in Ihrem Leben. Sie sind nicht mehr sprachlos. Sie sprechen Ihre eigene Sprache, die, die jetzt zu Ihnen passt. Sie sprechen nur für sich und verabschieden sich so offen und ehrlich, wie es Ihnen und Ihrer vergangenen Beziehung angemessen erscheint. Mit Einverständnis Ihres ehemaligen Partners/Ihrer ehemaligen Partnerin können Sie ihm eine Kopie zukommen lassen. Wenn Sie mögen, heben Sie diese Niederschrift auf. Finden Sie dafür einen Platz, nicht bei Ihren aktuellen Schriftstücken, sondern bei denen, die früher einmal wichtig waren, wie Dokumente oder Zeugnisse aus Ihrem früheren Leben, eben Erinnerungsstücke.

Zu B

Vielleicht haben Sie den Mut und das Vertrauen, sich für eine gemeinsame Beziehungsrückschau unter der Moderation einer Therapeutin zu entscheiden. Damit haben Sie die Chance, über Ihre vergangene Beziehung abschließend nachzudenken, noch einmal den anderen zu hören, einander noch Wichtiges oder Ungesagtes zu sagen, um zu einem endgültigen, vielleicht annehmbaren Abschluss zu kommen. Dazu reicht auch eine begrenzte Auswahl von Fragen. Wenn Sie es wünschen, können Sie mit einem gemeinsam entwickelten Ritual Ihren persönlichen Abschied mit oder ohne Partner gestalten. (Hötker-Ponath 2009) Vielleicht entsteht zwischen Ihnen beiden (gefühlt oder ausgesprochen) so etwas wie: »*Es tut mir leid, dass es mit uns beiden nicht geklappt hat, und jetzt lasse ich dich in Frieden.*«

ÜBUNG: FRAGEN UND IMPULSE ZUR BEZIEHUNGSRÜCKSCHAU ◀

Beziehungsanfang

• Was mich anfangs zu dir hingezogen hat ...
• Welche Stärken und Schwächen (Kapital) habe ich mit in unsere Beziehung gebracht?
• Was habe ich als dein Anfangskapital gesehen?

Beziehungsprozess

• Was ich dir gegeben habe ...
• Was ich dir nicht gegeben habe oder nicht geben konnte ...
• Was ich von dir bekommen habe ...
• Was ich nicht von dir bekommen habe, mir aber gewünscht hätte ...
• Was wurde durch unsere Beziehung in mir belebt oder geweckt?
• Was ließ ich während unserer Beziehung in meiner persönlichen Entwicklung unbeachtet und verkümmern?
• Womit du mich am meisten verletzt hast ...
• Womit ich glaube, dich am meisten verletzt zu haben ...
• Was war in unserer gemeinsamen Zeit mein größtes Versäumnis?
• Was sehe ich als dein größtes Versäumnis?
• Was nehme ich dir noch immer übel?
• Womit konnte ich mich inzwischen versöhnen?
• Wofür ich dich am meisten geliebt habe ...
• Wofür ich mich von dir am meisten geliebt gefühlt habe ...
• Wofür ich dir danken möchte ...

Abschied

• Wovon ich mich durch das Ende unserer Beziehung jetzt endgültig verabschiede ...
• Wovon verabschiede ich mich leicht und was lasse ich gern zurück?
• Wovon verabschiede ich mich schwer?
• Was bleibt an Gutem von unserer gemeinsamen Zeit in mir besonders erhalten?

- Was lebt in unseren Kindern weiter?
- Was würde ich dir symbolisch zum Abschied schenken?

Zum Abschluss dieser nicht ganz einfachen, aber lohnenswerten Beziehungsrückschau lassen Sie folgende Trennungsworte nach Jellouscheck (2000) auf sich wirken.

Zum Abschied

Ich nehme, was du mir gegeben hast.
Ich danke dir und werde es mitnehmen.
Was ich dir gegeben habe, habe ich dir gern gegeben.
Für das, was zwischen uns schiefgelaufen ist,
übernehme ich meinen Teil der Verantwortung
und lasse dir deinen.
Ich werde dich in unseren Kindern achten
und weiterhin zu ihrem Wohl mit dir zusammenarbeiten.
Schade, dass es mit uns beiden nicht geklappt hat.
Geh du deinen Weg, ich gehe den meinigen.
Und jetzt lasse ich dich in Frieden.

Dieser Abschluss im gegenseitigen Respekt bewirkt, dass wir unsere vergangene Beziehung und damit einen Teil von uns selbst nicht achtlos entsorgen (auch, wenn eine Trennung von zahlreichen Achtlosigkeiten geprägt ist), sondern als einen wichtigen, unauslöschbaren Teil unseres gelebten Lebens anerkennen. Alles, was ein Partner in uns geweckt hat, »*Licht- und Schattenseiten*«, das gehört zu uns. Das dürfen wir nicht verloren geben, auch wenn der Partner, der diese Seiten in uns geweckt und »*herausgeliebt*« hat, verloren gegangen ist.

EMPFEHLUNG

Sollten Sie die Möglichkeit einer therapeutisch begleiteten Beziehungsrückschau und/oder Durchführung eines Trennungsrituals haben, nutzen Sie diese Gelegenheit, besonders dann, wenn Sie wegen Ihrer Kinder weiterhin in guter Verbindung bleiben wollen. Es geht darum, dass Sie beide Ihre gemeinsame Vergangenheit mit den »guten und schlechten Tagen« annehmen können, dass Sie die Gegenwart bekräftigen und eine friedliche, getrennte Zukunft festigen. Sollten Sie religiös orientiert sein, können Sie sich auch seelsorgerisch begleiten lassen und einen Trennungssegen erbitten.

In der Nachscheidungsphase geht es für die Geschiedenen und deren Kinder darum, den Übergang in die neue Lebensform zu gestalten und zu festigen. Für diesen Wechsel von der ehelichen Lebensform in die geschiedene gibt es außer der juristischen keine gesellschaftlich akzeptierte ritualisierte Form wie zum Beispiel bei einer Hochzeit, Beerdigung oder Taufe. *»Rituale markieren wichtige Übergänge und Ereignisse. Sie festigen unsere Werte, feiern sie und machen sie öffentlich. Sie mildern auch unsere Angst, indem sie uns zeigen, wie man sich angesichts des Unbekannten verhält.«* (Ahrons 1997) Da Trennungen immer mehr zum normalen Lebenslauf dazugehören, werden sich auch hier nicht nur private, sondern auch gesellschaftlich und kirchlich akzeptierte Rituale herausbilden. Es sind verstärkt evangelische TheologInnen, die Abschiedsrituale entwickelt haben (Alt-Saynisch & Raabe 2002). Zudem werden zum Beispiel in der Alleinerziehendenarbeit von den ›Evangelischen Frauen in Württemberg‹ seit vielen Jahren »ökumenische Gottesdienste für Getrennte und Geschiedene« angeboten.

Die wichtigste Bedingung für ein Trennungsritual sind das Ende und der Entschluss zur Aufgabe der Beziehung. So wie das »Ja« zum Hochzeitsritual gehört, ist für ein Trennungsritual das »Nein« der getrennten Partner Voraussetzung. Der Entschluss muss bereits vor dem Ritual getroffen sein, denn ein Ritual dient nicht als ›Mittel zum Zweck‹, um die Entscheidung herbeizuführen, sondern um die Entscheidung zu bestätigen und zu festigen.

Wie kann ein Paar dem Ende seiner Beziehung eine Form geben, die ihr gerecht wird?

Zunehmend zeigen geschiedene Paare Interesse an einem persönlichen Trennungsritual mit oder ohne Kinder, denn auch für die Kinder ist es wichtig, die gemeinsame Familienzeit zu verabschieden und die neue getrennte Familienform innerlich zu akzeptieren. Zur emotionalen Verankerung sind symbolische Elemente und bestimmte Gesten, Handlungen oder persönliche Worte notwendig.

▶▶ *Beispiele: Dem Ende eine Form geben ...*

- *Ein geschiedenes Paar hängt bewusst eine Zeit lang ein Familienbild aus der gemeinsamen Vergangenheit in beiden getrennten Wohnungen auf, um den Kindern zu signalisieren, dass sie darüber sprechen können, dass diese Zeit dazugehört, auch wenn sie jetzt vorbei ist.*
- *Eine Frau feiert ihre Scheidung mit einem »Willkommensfest im neuen Leben«.*
- *Eine Frau lässt den Ehering einschmelzen, um daraus ein neues Schmuckstück machen zu lassen. Damit wird symbolisch aus dem Tragischen etwas Schönes.* (Ahrons 1997)

Interessanterweise gibt es in Zagreb ein Museum für gescheiterte Beziehungen: »Museum of Broken Relationship«. (Süddeutsche Zeitung 2011) Hier sind Gegenstände ausgestellt, die am Ende der Beziehung übrig geblieben sind und von guten und schlechten Zeiten erzählen. So haben auch schmerzliche Objekte eine neue Bestimmung erhalten.

▶ **ÜBUNG:** BEZIEHUNGSANDENKEN

Stellen Sie sich vor, Sie sind eingeladen, dem Museum zwei Ihrer »Beziehungsandenken« zu vermachen. Welches Bild oder welchen Gegenstand aus Ihrer gemeinsamen Zeit würden Sie auswählen:

- für die gute Zeit miteinander?
- für das, was Sie getrennt hat?

Geben Sie beiden Gegenständen eine Zeit lang einen Platz in Ihrer Wohnung – als Ihr kleines persönliches »Trennungsmuseum«.

TEIL V
Die neue Lebensform

Die Hoffnung ist der Regenbogen
über den herabstürzenden Bach
des Lebens

F. W. Nietzsche

5.1 Das Leben geht weiter, aber anders

Wir Menschen tragen ein unterschiedliches Maß an Grundhoffnung in uns. Diese Hoffnung hilft uns, in ausweglosen oder ausweglos erscheinenden Situationen nicht von Verzweiflung überschwemmt zu werden. Um neu anzufangen, brauchen wir die Hoffnung, dass es gut gehen wird und dass es besser werden wird als das, was wir hinter uns gelassen haben.

Ist der Weg durch die Scheidung oder endgültige Trennung frei, kann das neue, das andere Leben erst richtig beginnen, sei es als Single oder in einer neuen oder bereits bestehenden Partnerschaft mit und ohne Kinder. Auch für die Kinder ist die Endgültigkeit der getrennten Lebensform selbstverständlicher geworden. Der Schwerpunkt liegt jetzt in der längerfristigen Bewältigung des getrennten Lebens. Gelingt es annähernd, sich mit der neuen Lebenssituation anzufreunden, entsteht das Bedürfnis, sich nicht mehr mit der Beziehungsvergangenheit zu beschäftigen, sondern nach vorne zu schauen und sich neu zu orientieren.

Das wird daran deutlich, dass die Betroffenen

➜ nur noch manchmal traurig, aber selten verzweifelt sind
➜ nicht mehr auf eine Versöhnung hoffen, sondern die Trennung akzeptiert haben
➜ schwächere oder kaum noch Wut- oder Hassgefühle empfinden
➜ sich der vorhandenen eigenen und neu dazugewonnenen Stärken bewusster werden
➜ sich mit den eigenen Anteilen am Scheitern der Beziehung auseinandersetzen
➜ gut oder besser auf der Elternebene zusammenarbeiten

- → auf Schuldzuweisungen und Vorwürfe verzichten
- → sich vorstellen, wieder glücklich sein zu können
- → sich neuen Beziehungen gegenüber wieder mehr öffnen
- → Sexualität leben oder ausprobieren
- → sich beruflich mehr engagieren oder neu orientieren
- → kindliche Symptome und Verhaltensauffälligkeiten besser abfedern können.

Meistens hat sich ein Zugewinn an Selbstvertrauen und Zuversicht bei allen eingestellt, auch wenn hin und wieder Bedauern und Ärger über Unverzeihliches auftaucht. Die finanziellen Einschränkungen und die Belastung mit Kindern in getrennten Familienwelten bleiben in der Regel hoch. Kommt es zur Bildung einer sogenannten Patchwork-Familie, brauchen alle Beteiligten nochmals viel Kraft sowie Veränderungs- und Anpassungsbereitschaft. Mit der Zahl der Scheidungen entstehen kontinuierlich mehr Folgefamilien. Der Trend zur Wiederverheiratung ist ungebrochen. Offensichtlich sind die Betroffenen nicht von der Institution Ehe als solcher enttäuscht, sondern von der Ehe mit dem Partner/der Partnerin, von der sie sich haben scheiden lassen. *»Der Anspruch und die Hoffnung auf eine nächste Liebe werden beinahe schon ein Leben lang aufrechterhalten. Frauen und Männer lernen, mit dem wiederholten Verlust von Liebe umzugehen, ohne die Liebe selbst zu sehr abzuwerten oder gar zu verwerfen.«* (Sieder 2010)

Obwohl die meisten zwei bis fünf Jahre nach der Scheidung eine stabile innere und äußere Lebenssituation erreicht haben, bleiben nicht wenige auf der Strecke und können nicht von der Trennung profitieren. Dieses sind insbesondere Frauen, die eine geringe berufliche Bildung aufweisen und nach dem Wegfall des »Familienernährers« als Alleinerziehende an der Armutsgrenze leben. Auch die sogenannten »Nur-Hausfrauen«, die mühsam einen meist schlecht bezahlten Job finden, müssen ihren Lebensstil stark einschränken und sind nicht selten ihrem Ex zeitlebens dafür böse. Fthenakis u. a. (2008) weisen darauf hin, dass das Immunsystem von Frauen aufgrund von längerfristigen Belastungen in der Beziehung, in der Trennungsphase oder durch mangelnde Ablösung nach der Trennung stärker angegriffen wird als bei den Männern. Auch diejenigen Männer und Frauen, die bereits vor der Scheidung Probleme hatten oder auf eine Unterstützung des Partners angewiesen waren und kein unterstützendes soziales Netzwerk haben, erfahren eine Verschlechterung ihrer Lebenssituation, ganz zu schweigen von den Auswirkungen auf die dazugehörigen Kinder. Abstürze in körperliche und seelische Erkrankungen oder Sucht, gefolgt von Arbeitslosigkeit, sind die Folgen. Die sogenannten Scheidungsverlierer sind in der Minderheit, da die meisten Geschiedenen es schaffen, sich an die veränderte Lebenssituation anzupassen.

▶▶ *Beispiele*

- *Herr E. hat nach dem Auszug seiner Frau »notgedrungen« die Versorgung der beiden halbwüchsigen Kinder übernommen. Er fühlt sich überfordert, kommt mit seinen rigiden Erziehungsmaßnahmen bei den Kindern nicht an und beharrt auch nach der Scheidung darauf, dass nur die »Rabenmutter« schuld sei an seiner Misere. Er beginnt zu trinken, verliert seinen Job. Die Kinder kommen kurzfristig in eine Pflegefamilie, bis die Mutter die Voraussetzungen geschaffen hat, die Kinder zu betreuen.*

- *Frau K. erfährt nach der Scheidung hauptsächlich Verständnis und Unterstützung von Frauen. Sie verliebt sich in eine Frau und zieht nach reiflicher Überlegung mit ihr in eine Frauen-WG.*

- *Frau und Herr Z. waren 40 Jahre lang kinderlos verheiratet und wollen nach der Scheidung nicht einfach sprachlos auseinandergehen. Sie entschließen sich zu einer Beziehungsrückschau und einem Abschiedsritual. Sie vereinbaren, nach einem Jahr telefonisch Kontakt miteinander aufzunehmen, um voneinander zu hören.*

Insbesondere Frauen, die selbst die Scheidung initiiert haben, schaffen es, sich mit der Bewältigung der Trennung persönlich weiterzuentwickeln und eine bessere Befindlichkeit zu erlangen als in der belastenden Ehe. Männer, die verlassen wurden, weisen des Öfteren eine Tendenz zu einem ungesunden Lebenswandel auf. Als Selbstschutz vor dem Alleinsein neigen sie dazu, sich schnell wieder ein neues »Beziehungsnest« zu suchen. Für geschiedene oder getrennte Männer und Frauen bleibt ein erhöhtes Risiko, in einer neuen Partnerschaft die alten Muster zu wiederholen, es sei denn, sie haben sich wirklich mit ihren eigenen Anteilen am Scheitern der Beziehung auseinandergesetzt. Dann wird es ihnen gelingen, den Hass oder den Groll auf den ehemaligen Partner loszulassen (sich von Altlasten befreien) und bestenfalls die guten Erfahrungen und Erinnerungen zu behalten. Ganz im Sinne von Sören Kierkegaard: »*Verstehen kann man das Leben nur rückwärts. Leben muss man es aber vorwärts.*«

Ist dieser letzte Wendepunkt im Trennungsprozess erreicht, erleben es die Betroffenen als gut und befreiend. Sie spüren, dass es ihre eigene Entwicklungsleistung ist. Die Frage »*Wozu könnte diese Trennung gut für mich gewesen sein bzw. was konnte ich daraus für mich gewinnen?*« bekommt Sinn und kann jetzt oder später positiv beantwortet werden, insbesondere von denjenigen, die gegangen sind, oder/und von denjenigen, die wirklich Abschied genommen haben.

Dazu ein paar Fragen zu Ihrer persönlichen Trennungsbilanz. Lassen Sie sich Zeit und nehmen Sie sich nicht mehr als zwei Fragen am Stück vor. Jetzt ist es Zeit, Ihr Trennungstagebuch abzuschließen und zuzuklappen.

FRAGEBOGEN: WOZU KÖNNTE DIE TRENNUNG GUT FÜR MICH GEWESEN SEIN?

- Welchen persönlichen Entwicklungszuwachs (Eigenschaften und Stärken) kann ich nach der Trennung bei mir feststellen?
- Welche Verhaltensweisen und Handlungen, die ich bisher gewohnt war, unterlasse ich jetzt?
- Welche Verhaltensweisen und Handlungen, die ich bislang nicht gewohnt war, gehören jetzt zu meinem Repertoire?
- Wer in meinem nahen Umfeld könnte das bereits bemerkt haben?
- Was davon möchte ich noch weiter ausbauen?

- Welche neuen Kontakte und Erfahrungen während und nach der Trennung sind mir besonders ans Herz gewachsen?
- Welche Verluste habe ich hinnehmen müssen?
- Welche Verluste habe ich anderen zugemutet?
- Wie verteile ich heute die Verantwortung (»Schuld«) an unserer Trennungsentwicklung?
- Welche Menschen haben mir in der Trennungszeit geholfen, da anzukommen, wo ich heute bin?
- Haben andere, mir nahestehende Menschen einen Gewinn von meiner Trennung?
- Bin ich mit der Art des Kontaktes/Nicht-Kontaktes mit meiner/m Ex-Partner/in zufrieden?
- Was würde mein Ex denken, wenn er erfahren würde, dass ich zufrieden und ausgeglichen bin, dass es mir gut geht?
- Was werde ich möglicherweise am Ende meines Lebens über unsere Scheidung/Trennung denken?
- Was glaube ich, denken meine Kinder/Eltern/Ex-Schwiegereltern/ Freunde heute über unsere Scheidung?
- Aus welchen eigenen Fehlern konnte ich lernen?
- Was ist für mich noch unerledigt?

Die Erfahrung, aus der Trennungskrise gestärkt und gereift hervorzugehen, bildet die Grundlage, weitere Herausforderungen des Lebens zu meistern. Hoffnungsvolle Menschen glauben, ihre Ziele erreichen zu können. Sie werden aktiv und entwickeln Pläne für ihre Zukunft. Welchen Weg wir auch wählen, was auch immer wir entscheiden, wir müssen das Unwägbare riskieren. Wir werden unsere Entscheidungen nicht ohne vorherige Zweifel fällen können, ohne die Dinge zu hinterfragen. Wir müssen ein gewisses Maß an Unsicherheiten auf unserem Weg aushalten. Sind die Unsicherheiten zu groß, kann aus Zweifel Verzweiflung werden. Die Entscheidungen, die jetzt getroffen werden, sind »Notentscheidungen« und müssen später möglicherweise revidiert werden. Ob unsere Entscheidungen richtig sein werden, wissen wir erst, wenn wir entschieden haben.

Wir können, wir dürfen uns irren. Ein Leben ohne Risiko wäre ein Leben im Stillstand. Mit dem Zuwachs an Risikobereitschaft sind auch die Selbstachtung gewachsen und die Sicherheit gestärkt, allein leben zu können. Manche haben eine neue Ausbildung, Studium oder eine neue Tätigkeit begonnen, die sie weiterbringen und neue berufliche Möglichkeiten eröffnen. Sich in sich wieder ganz zu erleben, bedeutet auch, sich wieder liebenswert zu fühlen. *»Ich bin jetzt zwar getrennt von meiner Frau, aber ungeteilt in mir.«*

Auch Sie werden es schaffen oder haben es bereits geschafft. Sprechen Sie immer wieder laut zu sich: »Ich kann das.« Nehmen Sie sich jetzt, wo die äußeren Lebensdinge geregelt sind, Zeit für Ihre persönliche Weiterentwicklung. Sie werden bemerkt haben, dass Ihre eigenen Interessen und Ihr eigenes Vergnügen wieder mehr im Vordergrund stehen. Auch Ihre Freunde, Ihre Kinder, Ihre Kollegen und Eltern werden festgestellt haben, dass Sie sich verändert haben: *»Du hast dich total verändert, du machst Dinge, die ich dir gar nicht zugetraut hätte«* ... *»Ich wusste gar nicht, dass du so humorvoll sein kannst«* ... *»Seitdem du dich getrennt hast, hast du eine andere Ausstrahlung, irgendwie offener und neugieriger«* ... *»Auch dein neues Outfit passt viel besser zu dir«* ... *»Wenn ich dich jetzt so erlebe, kann eine Trennung nicht nur schaden, im Gegenteil, du hast nach alldem persönlich gewonnen.«*

Aus dem gewachsenen Gefühl der Unabhängigkeit anderen Menschen gegenüber können Sie wieder lernen, sich selbst und anderen zu vertrauen. Wenn Sie Ihre eigenen Wünsche und Bedürfnisse nun genauer kennen und ernst nehmen, wissen Sie, worauf Sie in einer neuen Partnerschaft achten wollen oder wie Sie sich bewusst auf ein Singleleben einstellen werden. Wenn wir etwas Neues wagen, können wir nie ganz sicher sein, ob es gelingt. Aber wenn etwas gelingen soll, müssen wir etwas Neues wagen, frei nach dem Motto eines Unbekannten: *»Lasst uns aus der Rolle fallen, damit wir aus der Falle rollen.«*

5.2 Was ist aus uns geworden – Neutrum, Freund oder Feind?

> *Verlorene Zeit?*
>
> *meine zeit*
>
> *unsere zeit*
>
> *gemeinsame zeit*
>
> *Eiszeit*
>
> *Auszeit*
>
> *meine Zeit*
>
> Armin Beuscher

Die Art und Weise, wie Partner sich in der Zeit nach der Trennung oder Scheidung verhalten, ist sehr unterschiedlich und hängt von mehreren Faktoren ab. Manche bleiben freundschaftlich verbunden, andere sehen und hören nichts mehr voneinander, einige bekriegen sich weiterhin in ihrer Unversöhnlichkeit. Sind keine gemeinsamen Kinder vorhanden, spielt das weitere Verhältnis der Geschiedenen keine wirkliche Rolle mehr. Da es nach der Scheidung noch nicht vorherzusehen ist, ob es einen irgendwie gearteten Kontakt geben wird, ist es ratsam, sich so zu verhalten, dass Türen wieder geöffnet werden können, sei es, auf einer distanzierten, aber hin und wieder interessierten oder freundschaftlichen Art und Weise oder aus praktischen Gründen. *»Ich kann zwanzig Jahre Beziehung mit dem Vater meiner Kinder nicht einfach auslöschen. Damit lösche ich einen Teil von meinem Leben, der aber zu mir gehört. Ich weiß, warum ich gerade diesen Mann geliebt habe, weiß aber auch, dass ich ihn jetzt nicht mehr liebe.«*

Der Mensch, mit dem Sie Jahre gelebt haben, dem Sie sich anvertraut haben, der sich Ihnen anvertraut hat, gehört zu Ihrem gelebten Leben, auch wenn er Ihnen Schmerzvolles angetan hat. Auch ohne Kinder bleibt er in Ihrem *»inneren Museum«*. Haben Sie Kinder, bleiben Sie über Ihre Kinder verwandt. Es wird unweigerlich immer wieder Kontakte oder Begegnungen geben. Manche fragen sich:

➜ »Wie wird es mir gehen, wenn ich sie oder ihn auf der Abiturfeier unserer Tochter treffen werde?«

➜ »Ich kann ihn nicht neben mir ertragen. Wie soll ich die Hochzeit meines Sohnes überstehen, wenn er auch da ist?«

➜ »Werden wir uns in der Kirche bei der Kommunionfeier unseres Enkelkindes den Friedensgruß geben können?«

➜ »Würde ich eigentlich zu seiner Beerdigung gehen?«

➜ »Ist es mir egal, ob sie wieder heiratet oder nicht?«

Vieles bleibt offen, wenn Sie offen bleiben für das, was das Leben noch mit Ihnen vorhat.

Wie der Abschluss der Trennung letztlich aussieht und welches innere Bild beide voneinander behalten, hat viel mit der Art und Weise der Trennung zu tun. Trennt sich ein Partner aus einer langjährigen Beziehung sehr plötzlich, ohne Erklärung, und bleibt unerreichbar, wird das gesamte Weltbild des verlassenen Partners erschüttert. Beide finden dann keinen wirklichen Abschluss und bleiben durch den fehlenden Abschied, durch das *»Nichtgesagte«* miteinander verbunden, obwohl sie nichts mehr miteinander zu tun haben; der Verlassende durch das Unausgesprochene und die Abspaltung seiner Gefühle, der Verlassene durch zu viele offene Fragen und Fantasien, die das Geschehene in ein Bild bringen wollen. Denn auch das Nicht-Gesagte, das Schweigen sagt viel – aber was? Auf jeden Fall das, dass sich schon vor der abrupten Trennung und dem Kontaktabbruch etwas im Inneren des Verlassenden abgespielt hat, was verborgen blieb und sich durch diesen fast schon »inszenierten Abgang« entladen hat.

Mit der Zeit und viel psychischer Energie kann der auf diese Art und Weise Verlassene seine Gefühle vom gegangenen Partner abziehen und die Vergangenheit hinter sich lassen. Dennoch, der Abschluss bleibt eine offene Gestalt, denn gerade das, was unabgeschlossen ist, bleibt besonders in uns präsent. Wir können es zu unserem eigenen Schutz zwar verdrängen, müssen aber damit rechnen, dass es durch bestimmte Ereignisse oder Erinnerungen jederzeit wieder aufbrechen kann. Es bleibt eine nicht verheilende Wunde.

Fühlt sich ein Partner durch die Art der Trennung massiv verletzt und gedemütigt, wird die Vergangenheit meistens nur in einem negativen Licht gesehen. Der andere bleibt *böse*. Das wirft viele Fragen auf (Ernst 2011):

→ Warum verharren wir in der Verbitterung, dass man uns unrecht getan hat?
→ Warum genießen wir mitunter das schlechte Gewissen und die Schuldgefühle der »Täter«?
→ Welche Befriedigung liegt darin, dem anderen dauerhaft böse zu sein und ihn »zu verteufeln«?
→ Warum können wir keinen Schlussstrich ziehen und eine unerfreuliche Geschichte vergessen?
→ Warum können wir so schlecht verzeihen?

Menschen, die in dieser unversöhnlichen Haltung verharren, bleiben auch in einer neuen Partnerschaft eher skeptisch und erleben nicht selten eine sich selbst erfüllende Prophezeiung: *»Männer sind ... ich wusste, dass ich wieder verlassen werde.«*

Bleibt jemand nach der Scheidung glücklos in Beziehungen und in seinen Lebensverhältnissen, ist eine lebenslängliche Verbitterung und Vergeltungssehnsucht nicht auszuschließen. Das kann zu Einsamkeit und Depression oder auch zu dauerhafter Feindschaft mit kleinen und größeren Rachefeldzügen führen, die zum Teil durch *»üble Nachrede«* ausgelebt wird. Sind gemeinsame Kinder vorhanden, leiden auch diese unter der *»unendlichen Trennungsgeschichte der Eltern«*. Sie müssen zum Teil bis ins Erwachsenenalter mit verfeindeten Eltern zurechtkommen. Besonders spürbar wird es zum Beispiel bei einer Hochzeit oder anderen Familienfesten wie Taufe oder Beerdigung. Ist ein Elternteil oder sind beide noch immer feindlich gestimmt, sind sie bei einer Feier wie einer Hochzeit fast nicht in einem Raum zu ertragen, noch weniger in der Kirche. Die Spannung ist unerträglich und beeinflusst die Atmosphäre des Festes. Für das Brautpaar wird das zu einer fast unlösbaren logistischen und emotionalen Herausforderung. Auch erwachsene Kinder wünschen sich nichts sehnlicher, als dass ihre getrennten Eltern sich in Frieden lassen.

Bleibt Unfrieden zwischen getrennten, jetzt alten Eltern, bleibt auch die nächste Generation der Enkelkinder involviert. Die Enkelkinder spüren den Zwiespalt der eigenen Eltern und können somit nicht ungezwungen und ohne Spannung großelterliche Fürsorge genießen.

Wenn wir nicht loslassen können, tragen wir viel. Wir halten an negativen Gefühlen, an alten Überzeugungen fest, die unseren inneren Frieden blockieren und Beziehungen vergiften.

Die Realität zeigt, dass die meisten getrennten Paare sich entweder aus den Augen verlieren, sich in Ruhe lassen oder distanziert freundschaftlich miteinander umgehen. Manche empfinden nach zehn bis zwanzig Jahren der Trennung ähnliche Beziehungsgefühle wie zu entfernten Verwandten oder ehemaligen Studienfreunden. Diese Paare haben sich voneinander gelöst und die Trennung akzeptiert. In diesen Trennungsfamilien bleiben beide Eltern nach der Scheidung in hohem Maße mit den Kindern verbunden und haben auch untereinander eine grundsätzlich positive Beziehung, ohne die veränderte und getrennte Beziehungssituation zu leugnen.

ÜBUNG: WIE IST UNSER BEZIEHUNGSSTIL ALS ELTERN? ◀

Lesen Sie folgende Beziehungsstile und kreuzen Sie an, welcher für Sie als getrennte Eltern zutrifft:

❏ **Perfekte Kumpel,** die freundschaftlich miteinander umgehen, die sich entschieden haben, Freunde zu bleiben, aber nicht mehr miteinander verheiratet sein wollen.

❏ **Kooperative Kollegen,** die in der Lage sind, als Eltern zusammenzuarbeiten, sich aber nicht als gute Freunde betrachten.

❏ **Verstimmte Partner,** die feindselig und grollend bleiben und die gemeinsame Elternschaft schwierig finden. Es ist, als ob einer oder beide auch nach der Trennung das Leben des anderen beeinflussen und nicht loslassen wollen. Die Kinder sind weiterhin in die Konflikte ihrer Eltern verstrickt und erleben ständig Loyalitätskonflikte.

- ❏ **Wütende Feinde,** die noch immer so wütend aufeinander sind, dass sie ihre Kinder nicht gemeinsam erziehen können. Der Beziehungskampf geht über die Kinder weiter und bedarf gerichtlicher Regelung.
- ❏ **Aufgelöste Duos,** die jeden Kontakt miteinander abgebrochen haben, sodass normalerweise einer weit wegzieht und oft ganz aus dem Familienumfeld verschwindet.
- ❏ **Was noch?**..
....

Das langfristige Verhältnis von Ex-Partnern ist nicht vorhersehbar und hängt von vielen Faktoren ab, unter anderem davon, wie derjenige, der verlassen wurde, die Kränkung und den Verlust verarbeiten konnte, und derjenige, der verlassen hat, mit sich selbst im Reinen ist. Aber auch weitere Lebensumstände, wie berufliche Erfolge, gute persönliche Beziehungen, eine neue Partnerschaft oder zufriedenes Singledasein, die Entwicklung der Kinder und gesundheitliches Wohlergehen beeinflussen die Bewertung des Lebens nach einer Scheidung und damit die Art des weiteren Kontaktes der Geschiedenen.

Eine besondere emotionale Situation entsteht noch einmal, wenn der Expartner neu heiratet oder/und ein Kind bekommt, schlimmer noch das Kind, das er mit dem anderen nicht bekommen konnte oder wollte.

- *»Ich kann es nicht ertragen, dass sie jetzt mit dem neuen Kind auf heile Familie machen und meine Kinder an zweite Stelle kommen.«*
- *»Als ich mit meiner Tochter ihr Kleid für die Hochzeit ihres Vaters ausgesucht habe, kamen alle Gefühle noch einmal hoch. Ich habe mich erneut so gedemütigt gefühlt wie Aschenputtel.«*
- *»Die Neue erbt, und ich gehe leer aus.«*
- *»Ich bin froh, dass sie jetzt auch geheiratet hat und versorgt ist. Das reduziert meine Schuldgefühle, da ich sie damals während ihrer Krebserkrankung verlassen habe.«*

Wie es Ihnen mit der Wieder-Heirat Ihres Ex ergehen wird, hängt von mehreren Faktoren ab:

- ➜ ob Sie verlassen haben oder verlassen worden sind
- ➜ ob die Wieder-Heirat sehr kurzfristig nach der Scheidung erfolgt oder später
- ➜ wie verlässlich der Partner seine Elternrolle bisher eingenommen hat
- ➜ wie die Kinder reagieren
- ➜ wie zufrieden und materiell abgesichert Sie nach der Scheidung sind
- ➜ ob Sie glücklich in einer Beziehung leben oder neu verheiratet sind
- ➜ ob Ihr Ex-Partner die Frau, die er heiratet, schon während unserer Beziehung geliebt hat
- ➜ wie Sie von der bevorstehenden oder gewesenen Hochzeit erfahren
- ➜ ....

....

Die Wieder-Heirat des Ex-Partners bedeutet für den geschiedenen Partner und die gemeinsamen Kinder nochmals ein neue Herausforderung und Anpassungsleistung. Es kann sein, dass Sie plötzlich emotional aufgewühlt, wütend, eifersüchtig oder auch erleichtert sind. Möglicherweise ärgern Sie sich am meisten über Ihre eigene emotionale Reaktion, da Sie die Scheidung doch ganz gut verkraftet haben. Egal, ob Sie gegangen sind oder verlassen wurden, es wird Sie beschäftigen. Sollten Sie hin und wieder Fantasien gehabt haben, sich mit Ihrem Ex-Partner neu zu liieren, ist jetzt endgültig Schluss mit nostalgischen Gefühlen. Die Endgültigkeit der Trennung wird nochmals in aller Härte spürbar.

EMPFEHLUNG:

Sind Sie diejenige, die wieder heiratet, können Sie im Sinne einer weiteren kooperativen Elternschaft dafür sorgen, dass Ihr Ex und Ihre Kinder nicht so heftig oder ablehnend reagieren. So können Sie frühzeitig und persönlich Ihren Kindern und dem Vater Ihrer Kinder mitteilen, dass Sie heiraten werden. Sollten Sie nicht mehr direkt miteinander kommunizieren, können Sie das schriftlich oder persönlich mitteilen. Sie achten ▶

damit die Gefühle Ihrer Kinder und Ihres Ex-Partners. Kinder wollen nicht gern ihr eingespieltes Leben verändern und können ablehnend auf die Wieder-Heirat reagieren, manchmal auch, um mit dem anderen Elternteil emotional solidarisch zu sein.

5.3 Was treibt mich an, wo will ich hin?

Mehr als die Vergangenheit
interessiert mich die Zukunft,
denn in ihr gedenke ich zu leben.
Albert Einstein

Jetzt ist der Zeitpunkt gekommen, an dem wir unserem Leben noch einmal bewusst eine neue Richtung geben können, nicht nur, weil wir müssen, sondern weil wir es wollen. Dazu ist es wichtig herauszufinden, welche Lebensform jetzt zu uns passt:

➜ Welches Leben wollen wir jetzt leben?
➜ Hat sich unser Lebensmotto durch die Trennung verändert?
➜ Auf welche vertrauten eigenen Anschauungen, Werte und Überzeugungen werden wir weiterhin bauen, auf welche wollen wir verzichten, welche sind neu dazugekommen?
➜ Wie wollen wir künftig leben?

Unser Wegweiser für unseren neuen Lebensentwurf kann nur unsere eigene Zielrichtung sein, nicht die der anderen oder die, welche »*Lebensumstände*« uns zuweisen. Auch »*Lebensumstände*« sind nicht statisch, sondern beeinflussbar. Das heißt nicht, dass alles machbar ist. Gestalten wir unseren Weg in Richtung unserer Ziele, werden wir erfahren, dass wir Entwicklungen in unserem Leben positiv beeinflussen können. Dazu brauchen wir die innere Entscheidung, vorwärts zu gehen, und ein Ziel, wohin wir wollen, denn wenn wir nicht wissen, wohin wir wollen, kommen wir irgendwo oder nirgendwo an. Tobler meint dazu: »*Veränderung produktiv anzugehen, erfordert, dass Sie aktiv dazu beitragen, in positive neue Situationen zu gelangen. Dazu brauchen Sie einen Horizont, der Sie motiviert, vorwärts zu gehen, ein inneres Bild, wohin Sie gelangen wollen, was Ihnen entspricht.*« (Tobler 2010)

Innere Bilder haben eine besondere Kraft und beeinflussen unsere Gedanken und Gefühle. Von der Gehirnforschung wissen wir, dass wiederholte Vorstellungsbilder zu neuen neuronalen Verknüpfungen im Gehirn führen. So können wir bereits in wiederholten Vorstellungsübungen positive zukünftige Wirklichkeiten in unserem Gehirn verankern und gleichzeitig unsere Zuversicht steigern.

VORSTELLUNGSÜBUNG: GELUNGENES LEBEN ◀

Nehmen Sie sich Zeit und suchen Sie sich einen bequemen Platz, den Sie gern haben. Schließen Sie die Augen und nehmen Sie eine Zeit lang Ihren Atem wahr. Wenn Sie zur Ruhe gekommen und in Ihrer inneren Welt angekommen sind, stellen Sie sich vor, Sie befinden sich in einer Zeitmaschine, die Sie in Ihre Zukunft transportiert. Sie steigen aus und befinden sich in Ihrem Leben fünf Jahre später. Sie staunen, wie sich Ihr Leben positiv entwickelt hat. … Wie und wo leben Sie? … Wie ist die Umgebung? … Ist jemand bei Ihnen? … Womit sind Sie so richtig zufrieden? … In welchen persönlichen und beruflichen Bereichen hat sich alles gut entwickelt? … Was macht Ihr Leben, so wie es ist, lebenswert?

Wenn Sie alles wahrgenommen und aufgespürt haben, verabschieden Sie sich von diesem Lebenszeitpunkt, und die Zeitmaschine bringt Sie wieder in Ihre Gegenwart zurück. Lassen Sie sich Zeit, wieder anzukommen, und nehmen Sie Ihre Fantasien über ein gelungenes Leben zum Anlass, sich Schritte zu überlegen, um sich jeden Tag Ihrer Vision ein Stück anzunähern.

Manche Ziele erreichen wir, andere müssen wir aufgeben. Durch jedes Ziel, das wir aufgeben, entsteht Platz für ein neues. Aufgeben, loslassen, scheitern und neu anfangen bedeuten Stärke. Samuel Beckett sagte einmal: »*Immer versucht. Immer gescheitert. Einerlei. Wieder versuchen. Wieder scheitern. Besser scheitern.*«

Unsere Bereitschaft, einen Zielwechsel vorzunehmen, macht uns stark und hält uns in einer Vorwärtsbewegung. Unsere kleinen persönlichen Erfolge zählen. Leben wir nach unseren eigenen Werten und Vorstellungen, verwirklichen wir »*unser neues Leben*«. Wir haben bestenfalls die Chance zu entscheiden, ob wir lieber allein oder langfristig in einer neuen Partnerschaft leben wollen, auch wenn wir nicht wissen, ob es gelingen wird. Wenn wir sichergehen wollen, nie wieder eine Trennung oder Scheidung zu erleben, dürfen wir keine neue Bindung riskieren. Wir bleiben besser allein.

Wie die Forschung zeigt, haben diejenigen Geschiedenen eine größere Chance auf eine längerfristig gelingende neue Beziehung, die die Trennung emotional bewältigt und gelernt haben, mit den Anforderungen in der Nachscheidungsphase zurechtzukommen. Sie haben nicht nur den Verlust des Partners betrauert, sondern auch das Ideal einer unverbrüchlichen Ehe auf Lebenszeit aufgegeben. »*Bis dass der Tod euch scheidet...*« haben sie geglaubt und schmerzhaft erfahren, dass nicht der Tod, sondern *der Tod ihrer Liebe* sie getrennt/ geschieden hat. (Griebel 2008)

Neue Partnerschaften werden zu unterschiedlichen Zeiten innerhalb des Trennungsprozesses eingegangen. Bereits in der Ambivalenzphase kann eine neue Partnerschaft das Ende der Ehe einleiten. In der Trennungsphase wie auch häufig in der Nachscheidungsphase verstärkt sich der Wunsch nach einer Partnerschaft. Werden sogenannte »*Übergangs- oder Ablösepartnerschaften*« (Fthenakis u. a. 2008) im Trubel des Trennungsgeschehens eingegangen, dienen diese vorrangig dazu, den Abschied vom früheren Partner zu erleichtern, und sind häufig nur von kurzer Dauer. Für den verlassenen Partner und auch für die Kinder ist der oder die Neue meistens derjenige, der alles kaputt gemacht hat, indem er oder sie sich in die Beziehung hereingedrängt hat. Die neue Beziehung, die innerhalb des Trennungsprozesses entsteht, ist damit sehr belastet. Günstiger ist, sich selbst und den Kindern Zeit zu lassen, sich aus der früheren Lebenswelt zu verabschieden. Außerdem wird ein neuer Partner, der nicht Anlass zur Trennung war, besser von den Kindern und dem Ex als mit erziehender Erwachsene akzeptiert.

Frauen und Männer, die eine Scheidung hinter sich haben, äußern häufig den Wunsch, zunächst entweder getrennt zu wohnen und später zusammenzuziehen. Hier braucht der neue Partner Geduld und Verständnis. Geschiedene lassen sich in der Regel überlegter und zögerlicher auf eine neue Beziehung ein. »*Irgendwie fühle ich mich erst jetzt richtig erwachsen, aber auch weniger romantisch. Ich überlege mir gründlich trotz Verliebtheit, ob ich mit ihm zusammenziehen will oder nicht.*« ... »*Früher dachte ich, je stärker die anfängliche Verliebtheit, umso länger hält die Liebe. Das ist für mich heute kein Garantiemerkmal mehr. Ich bin zwar verliebt, aber nicht über ›beide Ohren‹. Wir wollen abwarten und später entscheiden, wie es mit uns weitergeht.*«

Nach einer Trennung oder Scheidung sind die meisten Betroffenen innerlich gewachsen und haben auch sonst in ihrem Leben gelernt, »*abschiedlich*« zu leben. Sie schätzen eine neue Beziehung realistischer ein und hoffen doch, nicht wieder zu scheitern. Mit dem Eingehen einer zweiten Ehe wird oft schon über die Möglichkeit und Bedeutung einer erneuten Scheidung gesprochen. Das betrifft besonders die Paare, bei denen beide bereits eine Trennung oder Scheidung hinter sich haben. Griebel weist darauf hin, dass bei der ersten Ehe Partner gewählt werden, die Attraktivität, beruflichen Status und Ehrgeiz aufweisen. Hingegen werden bei einer nachfolgenden Partnerschaft Eigenschaften bevorzugt, »*von denen mehr Stabilität für das Zusammenleben erwartet wird: innere Festigkeit, Rücksichtnahme, offenes und faires Austragen von Konflikten und Kompromissfähigkeit, Fehler eingestehen zu können, gemeinsame Interessen*«. (Fthenakis u. a. 2008)

Geschiedene vermitteln in einer neuen Beziehung von sich selbst ein ehrlicheres Bild und vermeiden es von Anfang an, sich selbst als perfekt darzustellen, um begehrenswert zu sein. Sie wissen, dass auf eine übermäßige Idealisierung eine übermäßige Enttäuschung folgen wird. Sie zeigen sich mehr so, wie sie sind, und wünschen sich das auch von dem anderen. Sie haben bestenfalls durch die Trennung gelernt, sich selbst zu akzeptieren und für die eigene Zufriedenheit selbst verantwortlich zu sein. Eigene Bedürfnisse und Wünsche werden von Anfang an kommuniziert, auch mit dem Risiko, dass sie abgelehnt werden. Sie wissen, dass es in einer befriedigenden Beziehung immer wieder darum geht, sich mit den eigenen und den Bedürfnissen und Wünschen des anderen auseinanderzusetzen. Sie haben weniger Angst vor den Unterschieden und daraus folgenden Konflikten. Unterschiedliche Auffassungen erleben sie nicht gleich als Bedrohung für das eigene Selbst und für ihre Beziehung gemäß dem chinesischen Sprichwort: *»Dem anderen sein Anderssein zu verzeihen ist der Anfang von Weisheit.«* Bestenfalls haben sie aus der Vergangenheit gelernt, dass eine Beziehung nur dann tragfähig und dauerhaft ist, wenn geredet und nicht geschwiegen wird – nicht nur am Anfang. Beziehung braucht Auseinandersetzung, braucht Pflege und Bewegung, nicht damit sie in Form bleibt, sondern damit sie immer wieder in eine neue Form gebracht wird.

Beziehungen entwickeln eine Eigendynamik und verwandeln sich immer wieder.

INFORMATION:

ENTWICKLUNGSPHASEN DER PAARBEZIEHUNG

Phase der Verschmelzung

Diese Phase ist typisch für die Zeit der Verliebtheit. Beide befinden sich am Pol Bindung und Nähe. Es besteht die Tendenz, die eigenen Defizite mit den idealisierten Fähigkeiten des anderen zu überdecken und Schwächen des anderen nicht wahrzunehmen. Die Ich-Grenzen verschwimmen. Das Paar erlebt sich als Einheit.

Phase des Widerstandes gegen die Verschmelzung

Einer oder beide beginnen, sich vom Pol Nähe wegzubewegen, weil mehr Bedürfnisse nach Eigenständigkeit wach werden. Dieser Schritt zu Autonomie wird oft in einem »Gegen« gelebt. Die Beziehung wird offen oder verdeckt konflikthaft. Es besteht die Tendenz, die eigenen Defizite dem anderen anzulasten.

Phase der Distanzierung und Differenzierung

Diese Phase beginnt, wenn einer oder beide Schritte in echte Selbstverantwortung gehen. Jeder der beiden übernimmt die Selbstverantwortung für eigene Defizite und entlässt den anderen aus der Verantwortung dafür. Beide rücken auseinander und wenden sich eigenen Themen und Interessen zu.

Phase der Wieder-Annäherung

Während in der vorherigen Phase einer oder beide in Richtung Pol Autonomie unterwegs waren, setzt jetzt die Bewegung zum Pol Nähe wieder ein. Autonomie und Bindung können gelebt werden.

Phase der Vereinigung auf einer reifen Stufe

Das Paar ist am Bindungspol auf reiferer Ebene angelangt. Der andere wird nicht mehr als die Erweiterung des eigenen Ichs (erste Phase), nicht mehr als Einschränkung des eigenen Ichs (zweite Phase), sondern als Herausforderung für die Entwicklung des eigenen Ichs erlebt. Also nicht mehr – ICH LIEBE DICH, WEIL ICH DICH BRAUCHE, sondern – ICH BRAUCHE DICH, WEIL ICH DICH LIEBE (E. Fromm).

leicht verändert nach Jellouschek (2000)

Viele Geschiedene haben dennoch Angst, sich wieder auf eine neue Beziehung einzulassen. Sie glauben, dass sie wegen des Scheiterns ihrer Ehe weniger liebenswert und bindungsfähig sein könnten. Außerdem sitzt der Zweifel tief, jemals wieder vertrauen zu können. Sie brauchen entweder noch Zeit oder bleiben dauerhaft freiwillig oder unfreiwillig Single. Im günstigen Fall haben sie gelernt, allein zu leben und sich auch so wohlzufühlen.

▶▶ *Beispiel: Sich einlassen, aber anders*

Herr S. ist vor fünf Jahren von seiner »Traumfrau« verlassen worden. Seine Söhne leben bei ihm, bis sie zum Studium in eine andere Stadt ziehen. »Wieder fühle ich mich verlassen und verloren in dieser Welt und kann mich auf meinen bevorstehenden Ruhestand nicht freuen. Im Gegenteil, ich habe Angst davor, in ein Loch zu fallen.« Am Rande einer depressiven Entwicklung stemmt er sich mit aller Kraft dagegen und beginnt, allein ins Theater zu gehen und sich einer Wandergruppe anzuschließen. Hier lernt er eine verwitwete Frau kennen, die ihm vom ersten Moment an wegen ihrer Lebendigkeit und Zuversicht gefällt. Er ist hin und her gerissen, sich einzulassen oder nicht. Er befürchtet, wieder verlassen zu werden und ei-

nen schmerzvollen Abschied hinnehmen zu müssen. Von Abschieden habe er wahrlich genug, nachdem vor einem Jahr auch sein bester Freund verstorben sei. Gleichzeitig habe er Sehnsucht nach einer liebevollen Beziehung. Nach dem plötzlichen Tod seines Freundes habe er sich vorgenommen, im Jetzt zu leben und so intensiv, wie es geht. Er zitiert einen anderen als den bekannten Schulsatz des Pythagoras: »Das Gestern ist fort, das Morgen nicht da. Leb also heute.«

Er lässt sich zögerlich, aber ehrlich auf die neue Beziehung ein. Beide wohnen weiterhin getrennt und fühlen sich dennoch als Paar. Er bleibt bis auf Weiteres in der Spannung, sich nicht ganz einlassen zu können, um nicht erneut den Preis einer Bindung, nämlich den Schmerz des Verlustes bei einer Trennung, zahlen zu müssen. Beide fühlen sich glücklich und entspannt in dieser Beziehung, die Nähe, aber auch Unabhängigkeit ermöglicht.

Manche Menschen empfinden ihr Leben ohne Partner als unvollständig und möchten schnell den vertrauten Zustand als Paar wiederherstellen. Sie scheinen vergessen zu haben, dass sich auch die vorherige Beziehung erst entwickeln musste, um zu wachsen. Warum die Eile? Zum einen können viele Menschen tatsächlich trotz Bemühen nicht wirklich gut allein leben, zum anderen tickt gerade für Frauen die Uhr schneller, wenn sie einen neuen Partner finden wollen. Sie wollen einerseits alles dem Zufall überlassen und ahnen zugleich, dass sie wahrscheinlich umsonst warten, wenn sie sich nicht aktiv bemühen. Eine neue Bindung braucht Zeit und ist erst dann Erfolg versprechend, wenn man wirklich gelöst ist und die eigenen Anteile am Scheitern der vergangenen Beziehung erkannt hat. Ansonsten besteht das Risiko, wenn auch in der Phase der Verliebtheit unsichtbar, alte Beziehungsmuster mit einer neuen Partnerin zu wiederholen. Das beginnt schon damit, dass, sobald ein potenzieller Partner auftaucht, das Vergleichen mit dem Ex beginnt. *Ist sie oder er ähnlich oder ganz anders? Ist sie schöner, interessanter, oder konnte die Ex nicht doch interessanter erzählen, kochen oder mehr verdienen? Werden die Urlaube so schön, wie sie früher waren? Wird er im Bett genau so wenig auf mich eingehen, wenn wir uns länger kennen?*

Realistischerweise hinkt jedoch ein Vergleich im Stadium der Verliebtheit mit der Ex einer Langzeitbeziehung, von der man sich gerade getrennt hat. Vergleiche sind ganz normal und verschwinden mehr und mehr, je länger und befriedigender die neue Beziehung sich entwickelt. Der neue Partner mag in vielen Fällen dem früheren ähneln oder auch ganz anders sein. Entscheidend wird sein, wie Sie seine Persönlichkeit akzeptieren.

Merke! Er ist und bleibt ein völlig anderer als der vorherige.

ÜBUNG: HEILSAME UND UNHEILSAME VERGLEICHE ◀

Da Sie anfangs immer wieder Ihre neue Partnerin mit Ihrer früheren vergleichen werden, machen Sie »Nägel mit Köpfen« und erstellen Sie eine Liste von den für Sie angenehmen und unangenehmen Eigenschaften und Verhaltensweisen Ihrer Ex. Anschließend fertigen Sie eine Zusammenstellung von Ihrer neuen Partnerin, was Sie jetzt schon sehen können an für Sie angenehmen und weniger angenehmen Eigenschaften. Welche Unterschiede und Gemeinsamkeiten haben Sie entdeckt? Achten Sie darauf, ob Sie beginnen zu werten, und qualitative Unterschiede zwischen den beiden machen. Die eine ist mit großer Sicherheit nicht schlechter oder besser als die andere, nur anders. Sie werden keinen perfekten Menschen finden. Es geht darum, sich Zeit zu lassen, ob Sie mit den entdeckten Eigenschaften Ihrer neuen Partnerin zurechtkommen werden und nicht schon zu Beginn auf die eine oder andere Veränderung hoffen nach dem Motto: »Sie wird sich im Laufe der Zeit noch hier und da ändern, und dann kann ich sie so richtig mögen.« Fragen Sie sich, ob Sie mit der neuen Partnerin zusammen sein wollen, weil Sie diese so mögen, wie sie ist, oder so, wie es Ihrem Idealbild entspricht. Was nicht heißt, genau zu überprüfen, ob die Beziehung für Sie passt. Doch damit nicht genug. Auch Sie sind mit im Spiel und bringen angenehme und weniger angenehme Eigenschaften und Verhaltensweisen mit in die neue Beziehung. Erstellen Sie eine Liste und erkennen Sie sich selbst! Das kann eine heilsame Wirkung auf Ihre Ansprüche an Ihre Partnerin haben. Wenn Sie sich selbst als vollständig mit Ihren Licht- und Schattenseiten wahrnehmen, wird Ihnen das auch bei Ihrer neuen Partnerin gelingen.

Es wird deutlich, dass es keinen idealen Partner geben wird und dass wir uns auch keinen im Laufe der Beziehung formen können, es sei denn, er lässt sich verformen, was gleichzeitig das Ende der Beziehung einläuten würde. Trotzdem ist es gerade nach einer Trennung wichtig, sich klarzumachen, wie Sie eine neue Beziehung leben wollen. Dazu können Sie die positiven und negativen Erfahrungen aus der vorherigen Beziehung nutzen. Vermeiden Sie idealisierende Vorstellungen und bleiben Sie am Boden. Nehmen Sie Ihre Beziehungsvorstellungen ernst und fragen Sie sich: *Was ist für mich in einer neuen Beziehung unverzichtbar? Was könnte im schlimmsten Fall eintreten, wenn ich auf Dauer nicht das bekomme, was für mich in einer Beziehung unverzichtbar ist?*

FRAGEBOGEN: WAS IST FÜR MICH IN EINER BEZIEHUNG UNVERZICHTBAR

Partnerschaftsfragebogen:

Was gehört für Sie zu einer glücklichen, auf Dauer angelegten Beziehung? Suchen Sie die Nennungen heraus, die für Sie unverzichtbar sind, und fügen Sie eigene hinzu.

- ❏ gegenseitige Toleranz und Akzeptanz
- ❏ Vertrauen, Offenheit, Ehrlichkeit
- ❏ eigene Freiräume und Entfaltungsmöglichkeit
- ❏ schönes Eigenheim mit Garten
- ❏ finanzielle Sicherheit
- ❏ gleiche Konfession oder Religionszugehörigkeit
- ❏ sexuelle Treue
- ❏ gemeinsame Interessen, Freunde und Hobbys
- ❏ partnerschaftliche Verteilung der Haushaltsorganisation
- ❏ Solidarität und gegenseitige Unterstützung
- ❏ Zärtlichkeit und Sexualität
- ❏ konstruktive Kommunikation und Konfliktlösung
- ❏ gemeinsame Elternschaft
- ❏ übereinstimmende Wertvorstellungen
- ❏ Nähe und Geborgenheit
- ❏ Zuverlässigkeit

- ❑ Gleichberechtigung in der beruflichen Karrieremöglichkeit
- ❑ gegenseitiges Verzeihen
- ❑ gemeinsame Freizeit und Urlaube
- ❑ gegenseitige Achtung der Unterschiedlichkeit
- ❑ gerechte Verteilung der Elternzeit und der Erziehungsaufgaben
- ❑ Humor und Freude
- ❑ Veränderungsbereitschaft
- ❑ ....
  ....

Verliebtheit kommt ungefragt und will sich nicht regeln lassen. Sie ist frei. Wird aus Verliebtheit Liebe, können ein paar Ideen helfen, die Liebe lebendig zu halten. Liebe ist kein »Ruhekissen«, auf dem Sie sich ausruhen können. Liebe braucht Beständigkeit *und* Bewegung, Erhalt *und* Erneuerung. Sollten Sie sich wieder verlieben, verliebt haben oder verlieben wollen, könnten ein paar Hinweise auf Ihrem neuen Beziehungsweg hilfreich sein:

Zum Nachdenken: Wie kann die Liebe lebendig bleiben?

Folgende Ideen – als Ganzes, nicht einzeln – können Ihnen helfen, Ihre Liebe im Alltag zu erhalten und zu vertiefen:

1. Verzichte auf Bewilligung und Bestätigung durch den Partner. (Abgrenzung)
2. Nimm die Delegation zurück. Verpflichte den anderen nicht zu etwas, was er offenbar besser kann. Du kannst es auch. (Autonomie)
3. Erlaube den Ärger und begrenze ihn! Lade keine Altlasten ab. (Selbstregulierung)
4. Schütze die Wunden des anderen. Verzichte auf billige Siege. (Empathie und Gleichwertigkeit)
5. Gib der Liebe Raum und Zeit. Sonst geht sie ein. (Gemeinsamkeit und Intimität)
6. Pflege die Leidenschaft. Sie ist die Energiequelle der Liebe. (Erotik)

7. Bleibe neugierig auf den anderen. Er ist unergründlich. (Achtsamkeit)

leicht verändert nach Revenstorf (2009)

Auch wenn Sie um Erfahrungen aus dem Trennungsgeschehen reicher sind und realistischer einschätzen können, was für Sie in einer neuen Beziehung unverzichtbar ist, sind Sie vor einer erneuten Trennung nicht geschützt. Bestenfalls haben Sie nicht mehr so viel Angst davor und spüren rechtzeitig, wann es Zeit ist zu gehen. Sie haben gelernt, sich abzugrenzen, wachsam zu sein und aufzuhören, wenn etwas nicht mehr erfolgreich oder sinnstiftend ist. Obwohl Sie wissen, dass eine Trennung wieder schmerzvoll und anstrengend sein würde, dass die Übergangsphasen wieder Unsicherheiten mit sich brächten, haben Sie die innere Sicherheit, dass Sie es erneut schaffen werden. Auch falls Sie wieder verlassen werden, wissen Sie, dass Sie sich nicht Ihrem »*Schicksal*« ergeben müssen und offen für andere Menschen bleiben können.

Gehören Sie zu denjenigen, die beharrlich festhielten und lange nicht loslassen konnten, werden Sie sich nicht mehr mit »*Haut und Haar*« einlassen und können sich rechtzeitiger verabschieden. Gehören Sie zu denjenigen, die sich fluchtartig und ohne emotionale Trennungsarbeit getrennt haben, werden Sie bei nächsten Trennungen an Trauerprozessen nicht vorbeikommen.

Egal, ob Sie nach einer Trennung allein oder in einer Beziehung weiterleben, Sie brauchen Kraft, Mut und Zeit, um Ihre neue Wirklichkeit zu gestalten. Sie brauchen Zeit, um das an sich zu verändern, was Sie erkannt haben, und das zu belassen, was Ihnen bewahrenswert erscheint. Vielleicht haben Sie durch Ihre Trennung die Wege gefunden, die Sie finden mussten, um bei sich selbst anzukommen. Vielleicht können Sie zustimmen, dass »*Gewinnen und Verlieren zum Leben gehören*« (mündliche Überlieferung Verena Kast).

»Beides hat einen Wert – zu bleiben und zu gehen.«

Ehen und Lebenspartnerschaften als auch Trennungen und Scheidungen gehören zu unserem Leben dazu und sind integraler Be-
standteil unserer Gesellschaft. Statt über Scheidungen zu lamentie-
ren, oder schlimmer noch, zu moralisieren, gilt es, Wege zu finden,
Trennungsprozesse fair zu gestalten und die Situation von getrennten und Folgefamilien zu verbessern. Damit besteht die Chance, dass
aus Kindern nicht »Scheidungswaisen«, sondern »weise Kinder«
werden, die beide Eltern lieben dürfen und erleben, dass liebende
und fürsorgliche Eltern nicht in einem Haus wohnen müssen.

Schlusswort von Bertolt Brecht:

Alles wandelt sich

Alles wandelt sich. Neu beginnen
Kannst du mit dem letzten Atemzug.
Aber was geschehen, ist geschehen. Und das Wasser
Das du in den Wein gossest, kannst du
Nicht mehr herausschütten.

Was geschehen, ist geschehen. Das Wasser
Das du in den Wein gossest, kannst du
Nicht mehr herausschütten, aber
Alles wandelt sich. Neu beginnen
Kannst du mit dem letzten Atemzug.

Hilfreiche Adressen

Krise, Beratung, Therapie

→ In akuten Krisen finden Sie beim ärztlichen oder psychiatrischen Notdienst, Telefonseelsorge oder an sozialpsychiatrischen Beratungsstellen sowie bei niedergelassenen Psychiatern Hilfe

→ In jedem Bundesland gibt es Ehe-, Familien- und Lebensberatungsstellen von den Kirchen und freien Trägern, die über das Internet oder Telefonbuch ausfindig zu machen sind. Diese beraten auch in Trennungskrisen oder vermitteln weiter

→ Mediatoren arbeiten freiberuflich oder im Kontext von Kanzleien oder Beratungsstellen, Adressen: http://www.bmev.de.

→ Paar- und Familientherapeuten finden Sie unter www.netzwerk-paar-therapie.de.

→ Alleinerziehende: www.vaeter-helfen-vaetern.de, www.vamv.de/.

Gruppenangebote

→ Gruppen für Scheidungskinder werden an Erziehungs- oder Familienberatungsstellen angeboten

→ Gesprächsgruppen für getrennte Männer und Frauen finden in Beratungsstellen und freien familientherapeutische Praxen statt: gihoepo@gmx.net, info@christinewunderl.de, www.kraftquelle-system.de, info@eheberatung-muenchen.de, www.tusch.info

→ Gesprächsgruppen für getrennte Eltern: www.Kinder-Im-Blick.de

Abschied und Ritual

→ Info über ökumenische Gottesdienste für Getrennte: Ilse.Ostertag@ELK-Wue.de

→ Info über Beziehungsrückschau und Abschlussrituale für Geschiedene: gihoepo@gmx.net

Solidarität und Unterstützung von getrennten Eltern

→ http://www.mein-papa-kommt.de/
http://www.meine-mama-kommt.de/

Literatur

Ahrons, C. R. (1997): Die Familie erhalten, wenn die Ehe zerbricht. Die gute Scheidung. München, Knaur.

Alt-Saynisch, B., Raabe G., (2002): Das Ende als Anfang – Rituale für Paare, die sich trennen. Gütersloh, Gütersloher Verlagshaus.

Bodenmann, G. (2010): Die Bedeutung der Partnerschaftsqualität für Partner und Kinder. Universität Zürich (Powerpointpräsentation München 2010).

Brender, I. (1984): Lieber ein Versager als weiter unglücklich sein. In: Schultz, H. J. (Hrsg.): Trennung. Stuttgart, Kreuz Verlag.

Bundesfamilienministerium für Familie, Senioren, Frauen und Jugend (Hrsg.): »Wegweiser für den Umgang nach Trennung und Scheidung«.

Canacakis, J. (1990): Ich begleite dich durch deine Trauer. Stuttgart, Kreuz Verlag.

De Shazer, S. (2010): Wege der erfolgreichen Kurzzeittherapie. Stuttgart, Klett-Cotta.

Deutsche Arbeitsgemeinschaft für Jugend- und Eheberatung (Hrsg.): »Eltern bleiben Eltern« – Hilfen für Kinder bei Trennung und Scheidung.

Ernst, H. (2011): Vergebung: Die Chance zum Neuanfang. In: Psychologie Heute (compact).

Enright, R., D. (2006): Vergebung als Chance. Bern, Huber.

Forsa Umfrage der Zeitschrift Eltern (2011). In: Süddeutsche Zeitung vom 17./18. 09. 2011.

Fthenakis, E. u. a. (2008): Die Familie nach der Familie. München, Beck.

Griebel, W. (2008): Erfolg beim zweiten Anlauf: Neue Partnerschaft und Stieffamilie. In: Fthenakis, E. u. a.: Die Familie nach der Familie. München, Beck.

Härtling, P. (1997): Lena auf dem Dach. Weinheim, Beltz.

Hötker-Ponath, G. (2009): Trennung und Scheidung – Prozessbegleitende Interventionen in Beratung und Therapie. Stuttgart, Klett-Cotta.

Jellouscheck, H. (2000): Warum hast Du mir das angetan? München, Piper.

Kast, V. (1982): Trauern – Phasen und Chancen des psychischen Prozesses. Stuttgart, Kreuz Verlag.

Krantzler, M. (1984): Kreative Scheidung – Wege aus dem Trennungsschock. Reinbek, Rowohlt.

Kuijer, G. (2006): Wir alle für immer zusammen. München, SZ Junge Bibliothek 42.

Mähler, G., Mähler, H. G. (1992): Trennungs- und Scheidungsmediation in der Praxis. In: Familiendynamik, 17. Jg., Heft 4, 347–372.

Petri, H. (2005): Verlassen und verlassen werden. Stuttgart, Kreuz Verlag.

Placke-Brüggemann, E. (2005): Appelle von Kindern aus Trennungs- und Scheidungsfamilien. In: Blickpunkt EFL-Beratung.

Rauchfleisch, U. u. a. (2002): Gleich und doch anders. Psychotherapie und Beratung von Lesben, Schwulen und Bisexuellen und ihren Angehörigen. Stuttgart, Klett-Cotta.

Revenstorf, D. (2009): Entwicklung der Liebesfähigkeit. In: Sulz: »Wer rettet Paare und Familien in ihrer Not?« München, CIP Medien.

Rubinstein, R. (1980): Nichts zu verlieren und dennoch Angst. Frankfurt, Suhrkamp.

Sieder, R. (2008): Patchworks – das Familienleben getrennter Eltern und ihrer Kinder. Stuttgart, Klett-Cotta.

Sieder, R. (2010): Nach der Liebe die Trennung der Eltern: Alte Schwierigkeiten, neue Chancen. Familiendynamik 4/2010.

Soliman, T. (2011): Funkstille. Stuttgart, Klett-Cotta.

Statistisches Bundesamt (2011): In: Süddeutsche Zeitung vom 14.09.2011.

Stiemerling, D. (2006): Wenn Paare sich nicht trennen können. Stuttgart, Klett-Cotta.

Süddeutsche Zeitung 10. 11. 2011.

Timm, U. (2003): ROT München dtv.

Tobler, S. (2010): Neuanfänge – Veränderung wagen und gewinnen. Stuttgart, Klett-Cotta.

Ungerer, T. &Hoellen, B. (2006): Don't hope, cope! Mut zum Leben. Tübingen, dgvt Verlag.

Voß, R. (1991): Es muss nicht immer Trennung sein –Systemische Konsultation als professionsübergreifender Interventionsansatz in Krisensituationen. In: Zeitschrift für Familienforschung, 3. Jg., Heft 2, S. 155–168.

Willi, J. (1982): Therapie der Zweierbeziehung. Reinbek, Rowohlt.

Wiederkehr, K. (2005): Lieben ist schöner als siegen. München, Zürich, Pendo Verlag.

Wolf, D. (1985): Wenn der Partner geht ... Wege zur Bewältigung von Trennung und Scheidung. Mannheim, PAL.

Kontaktadresse der Autorin:
E-Mail: gihoepo@gmx.net